# 总要学会面对这个复杂的世界

[美] 阿尔弗莱德 · 舒茨　著

刘霞　编译

沈阳出版发行集团

沈 阳 出 版 社

**图书在版编目（CIP）数据**

总要学会面对这个复杂的世界 /（美）阿尔弗莱德·舒茨著；刘霞编译．-- 沈阳：沈阳出版社，2020.10
ISBN 978-7-5716-1020-3

Ⅰ．①总… Ⅱ．①阿… ②刘… Ⅲ．①社会学—研究 Ⅳ．① C91

中国版本图书馆 CIP 数据核字（2020）第 114631 号

---

**出版发行：**沈阳出版发行集团 | 沈阳出版社
（地址：沈阳市沈河区南翰林路 10 号　邮编：110011）
**网　　址：**http://www.sycbs.com
**印　　刷：**三河市兴达印务有限公司
**幅面尺寸：**145mm × 210mm
**印　　张：**8.75
**字　　数：**230 千字
**出版时间：**2020 年 10 月第 1 版
**印刷时间：**2020 年 10 月第 1 次印刷
**责任编辑：**马　驰
**封面设计：**Amber Design 琥珀视觉
**版式设计：**书情文化
**责任校对：**王玉位
**责任监印：**杨　旭

---

**书　　号：**ISBN 978-7-5716-1020-3
**定　　价：**50.00 元

**联系电话：**024-24112447
**E－m ail：**sy24112447@163.com

# 出版说明

本书是美国哲学家、社会学家舒茨（Alfred Schutz，1899—1959 年）的作品集，主要选录了《舒茨文选》（3 卷）中的作品。本书的书名是译者根据本书需要重新拟定的，书中的作者自序节选自《社会世界的现象学》一书。

本书在翻译过程中，进行了部分删减，主要删减了一些难以理解、理论性太强以及与本书主题无关的内容，并对全书的篇节进行了重新编排，为同类主题的篇节增加了章节标题，以更利于读者阅读。

舒茨是现象学社会学的主要创始人之一。第一次世界大战期间，他曾服役于奥匈帝国军队之中，随后到维也纳大学进修法律和社会学。1932 年，舒茨发表了《社会世界的现象学》一书，在学术界引起了不小的反响，并受到胡塞尔的高度赞许。1938 年，由于受到纳粹的迫害，舒茨不得不逃亡到法国巴黎，次年移居到美国纽约，之后在美国社会研究新学院执教。1956 年，舒茨被提升为该学院教授，三年后在纽约病逝。1962—1966 年，收录了舒茨生平主要著述的《舒茨文选》（3 卷）先后出版，成为研究舒茨思想理论的重要参考。

舒茨的早期思想深受马克斯·韦伯（M.Weber）和胡塞尔（Edmund Husserl）的影响。移居美国之后，又受到约翰·杜威（John Dewey）、威廉·詹姆斯（W. James）、乔治·赫伯特·米德（George Herbert Mead）等美国实用主义哲学与芝加哥社会学派人物的影响。

舒茨关注社会学研究中的主观因素，反对把“社会世界”与“自然世界”等同起来的做法。在舒茨看来，社会学家的

“社会世界”应当是胡塞尔所认为的“生活世界”，它不是一个极度抽象的、客观意义上的系统，而是一个更为直接的、具有真实生活活动的“活”的世界，而社会学的主要任务，就是研究这个“生活世界”，尽可能地贴近世界的本质和人类的真实生活。

与此同时，舒茨还反对逻辑实证主义把人的感觉和经验放到第一位的做法。他认为，人们看到、听到和感受到的世界并不一定是真理，把研究自然世界的自然科学的研究方法套用到社会学中，是非常严重的错误。社会学应该关注复杂世界中人所表现出的理性一面。

舒茨的思想综合了胡塞尔的激进现象学、韦伯的行动理论和美国的互动理论的主要思想，使社会学的研究脱离了早期较为肤浅的层次。他的思想反映了人们对当时社会学研究中实证主义和自然主义方法论的不满，表达了当时人们对关注内在精神世界的需求。他的思想对此后的“常人方法学”和民俗学方法论都产生了重要的影响。

# 序

我曾经自诩对社会学的研究非常深刻，可惜事实并不尽然。胡塞尔先生和韦伯先生另辟蹊径，发现了社会学的新大陆，他们的理论使我及时从死胡同里走出来，领略到了一个更加广阔的新天地。以前，当我思考这个世界，研究社会中的问题时，总是从社会事实出发，忽略了人的主观意识部分，确切地说，应该是社会事实所表达的“意义”。而社会学的任务就是要研究现象学中提到的“生活世界”。

以往，很多哲学家都认为事物的本身不可把握，我们只能研究事物的现象。但实际上，现象并不是事物的本质，而是人类理性本身。因为，没有人类理性的现象根本不存在。同时，这也是现代科学的弊端。它远离了世界的本质和人类的真实生活。这种问题在艺术领域也表现得非常突出。例如，在作画的时候，透视法几乎算是权威的方法，但实际上，仅仅强调透视法是一种僵化的思维。因为作为一幅画来说，人们关注的是它的色彩以及它带给人的感觉。再如，意识流小说现在大行其道，其根本原因就是人们已经厌倦了条条框框的限制，转而向往真实的人性写照。因为一切客观的真理都是以人性为基础的。创作这本书的时候，我深受现象学的影响。

此书刚刚完成，我就寄给了胡塞尔先生，希望能得到他的指点与批评。出乎意料的是，胡塞尔先生对这本书大加赞赏，甚至不惜耽误宝贵时间给我写了一封长信，将他对现象学研究的新理论与我分享，这让我非常兴奋。在此后的几年内，我一直和胡塞尔先生互通信件，交流彼此对于世界和社会的看法与最新的研究成果。那时候，我就有了进一步完善这本书的想法。

1938年，德军占领了奥地利。为了防止被纳粹迫害，我不得不离开祖国去巴黎避难。就在这一年，传来胡塞尔先生去世的噩耗，失去了唯一的知音，我悲痛不已。从那一刻起，我就决定继承胡赛尔先生对于现象学的研究成果，将其融入社会学中，创造出一种全新的理论。

在我早年的时候，曾经信奉马克斯·韦伯的社会学理论。他能斩钉截铁地确定社会科学和哲学的出发点，但对很多理论的诠释却不够深刻，无法真正将“生活世界”的研究进行到底。所以，我在增修这本书时，增加了马克斯·韦伯所没有涉及的理论，将社会学研究中的主观因素融入了进去。我再次强调一点，社会学所研究的根本不是社会事实或者客观内容，因为在复杂的世界中，人的理性才是最重要的。我们看到的、听到的以及感觉到的事物并不一定就是真理。所以，我本人是非常不赞同逻辑实证主义的。因为它把感觉和经验放到了第一位，把研究自然世界的自然科学的研究方法套用到社会学中来，这是非常严重的错误。

看来，我生命中的最后时光要在美国度过了。在这个神奇的国家，我接触到了很多全新的理论，主要有实用主义以及芝加哥社会学派的理论。它们对我的影响非常大，让我再次认识到“意义”有时比“事实”更加重要。心理学家威廉·詹姆斯的意识流也充分说明了这一点，即意识是不可控的，是一种主观的体会和感觉，无法确切地研究出事实或者客观的内容。

最后，我希望读完这本书的人能够真正理解社会学的根本出发点，以及面对这个复杂世界时我们应该持有的态度和应对的方法。

（选自《社会世界的现象学》）

# 目录
Contents

## 第三章　有经历的人生才是完美的人生



## 第四章　所有的理想都值得被尊重



## 第五章　人生有多少关键的十字路口需要认真把握

## 第八章　生活在物欲横流的世界，没有欲望就是一种孤单



## 第九章　我们看到的可能是一个“假世界”

# 第一章

# 如何正确地看待这个复杂的世界

在不同的人眼中，世界是不同的。因为不同的人拥有不同的视角和眼光。在孩子的眼中，世界是单纯的，它既没有那么多变化，也不存在任何的险恶；而在成人的眼中，世界则变得复杂起来，一切都在变化之中，随时都会脱离人们的掌控。正是因为我们无法掌控世界的变化，所以我们才会称它是复杂的。

实际上，世界也确实是复杂的。我们看似共同生活在一个世界，但这个世界其实是能被分为许多种的，比如物质世界、精神世界、社会世界、现实世界，等等。从不同的角度来看，世界具有不同的意义，而从这些意义中世界的复杂性便凸显了出来。这个世界包含了无数的事物，既有精神上的，也有物质上的，但无论哪种事物都不是一成不变的，而是变化莫测的。所有的事物都在变化，我们今天看到的东西已经失去了昨天的模样，而昨天的方法已不能解决今天的问题。于是，我们开始怀疑自己，变得迷茫不安，因此我们渴望知道如何才能正确地看待这个复杂的世界。

## 1. 再冷酷也要学会勇敢面对这个复杂的世界

人们在学会勇敢面对这个复杂的世界之前，首先要学会正确地看待这个复杂的世界。在我的视域中，世界的名字不只有单纯的一个。我经常喜欢运用一些术语来表述我们的世界，因此在我所拥有的概念中，世界的名字不止一个，比如我还会将世界称为社会世界、常识世界、生活世界、规则世界以及日常世界等。通过这样的划分，我能感受到世界的多元化和差异性。同时，它也能使我感受到世界的宽广、深刻和复杂，让我对整个世界充满爱。

我始终相信，在人类诞生之前，这个世界就已经存在了，它拥有自己的历史、道德、规律、原则等；而当人类诞生之后，这所有的一切都会以一种有组织的形式呈现给我们。在这样的社会环境下，每一个人都能通过社会行动和有意义的沟通而相互影响、彼此关联，他们不仅能彼此达成协议，而且也能与自己达成协议。我认为，世界具有过去、现在和未来是理所当然的，虽然过去、现在和未来，世界可能会以不同的状态和形式出现，但它同样是以一种有组织的形式呈现出来并且影响我们，同时其本身也接受我们行动的影响。

在我看来，我们的生活世界是一个与自然态度和主体间性紧密结合的整体。自然态度是指人们在普遍的日常生活中自然而然具有的态度，即人们对生活所持的最初的、朴素的、未经批判反思的态度。处于生活世界中的人，其基本特点就是自然态度，它使人们认为生活世界是不言自明的现实，生活世界对于普通人来说是毋庸置疑的，人们的所有社会行动，都是以这个不言自明的生活世界为前提的。处于生活世界中的人可以通过互换视角而达到相互理解，个体的主观自我与他人自我之间的主体间性，就是在日常生活中的这种时空区域中构成并得到社会个体理解的。我认为，胡塞尔关于主体间性只存在于先验自我之间的观点是错误的，因为只有从生活世界出发才能使主体间性问题得到研究和解决。

我们有必要弄清楚世界的结构是怎样的，因为这样有助于我们理解自己生活的世界。在我的眼中，生活世界就等同于社会世界。社会世界是一个具有不同层次结构的世界。我将这种层次结构称为“社会世界的层化”。我认为社会世界主要包括四个领域：直接经验的世界、同时代人的世界、前人的世界和后人的世界。

如何理解直接经验的世界呢？弄清这个概念之前，我们必须先了解面对面情景中的“你们取向”“你们关系”和“我们关系”。举例来说，我与他人面对面进行交流，他人与我同在一个时间和空间内，我的直接经验的范围就会包含他人。他人有意识地考虑我的这种态度被称为“你们取向”，这种取向形成的关系则为“你们关系”。形成了“你们关系”之后，人与人之间就能相互感知、彼此参与到对方的生活中去。而当拥有“你们关系”的人能够相互分享理想、计划、悲伤和快乐的时候，他们的关系就会变成“我们关系”。这一点很好理解，比如刚认识的人喜欢用“你”来称呼对方，而彼此熟悉的人喜欢用“我们”称呼。这就是“你们关系”晋升到“我们关系”的最好解释了。一个人只有与他人建立了“我们关系”，他才可能清楚地观察到对方在某个事件中的行动，并了解这些行动的意义。

那么，我如何获得另一个人的经验呢？答案是，我和这个人必须处于“我们关系”中，我才能通过某种具体的方式，在某个特定的时刻来获得他的经验。因此，我认为所有的社会关系都是源自“我们关系”。

所谓同时代人的世界，指的就是我所能感觉到他与我同属于一个时空，但我尚未对其产生任何经验的世界。由这个定义可以看出，同时代人的世界具有两个特点：间接性和非个人性。对主体而言，这个世界属于间接经验的领域。在这个领域中，同时代人与个体之间的思想和行动是可以相互影响的。

所谓前人的世界，就是指存在于我们出生之前的世界，这一世界已经结束，或者说已经成为过去的世界。前人的世界能对我产生影响，但我不能对前人的世界产生影响。对我来说，他人过去的直接或间接经验虽然属于前人的世界，但是它们也如同我对过去的社会经验。

后人的世界在我逝世之后，我在有生之年只能对它进行猜想，不能从它那里获得经验。它对我来说是神秘的、鲜为人知的、不能完全确定的。它既不可能对我产生影响，也不会被我所了解。

我们的生活世界是一个现实的世界，其特点就是具有多重性。它不仅包含日常现实，而且还包括幻想世界、梦的世界、精神世界，等等。这些不同的“亚世界”被称为“有限意义域”，它们拥有各自不同的风格。不仅如此，在地位上，这些“有限意义域”之间也存在着差异，而其中地位最高、最具重要性的“有限意义域”是日常生活的现实领域。毫无疑问，我们生活世界的中心便是这种日常生活的现实领域，相比于这一领域，其他现实区域都只是准事实，或者，我们也可以将它们看作这个基本现实的变样。

对于具有自然态度的普通人来说，在其所有的生活世界中，他的身体位置始终是各种行动的坐标原点。举例来说，在我可触及的区域中，存在着可以被我通过直接行动影响或改变的部分。而能被我直接影响和改变的这些领域又被称为“操作区域”，这些领域构成了全部事实的核心，因此是我们重点需要了解的对象。我们站在这一核心领域，逐渐把眼光向外望去，我们就能发现还存在着一些我们可以潜在触及的区域或不可能直接触及的领域。我们会进一步发现，虽然我们无法直接触及那些潜在领域，但可以通过间接行动对它们造成影响。若将这些区域统统加在一起，便构成了我们的“工作世界”。所以，日常生活在空间上是具有不同层次的工作世界。社会关系和社会行动的存在，使我们对日常生活产生了现实感。而这种现实感的基础是由生活世界的空间结构构成的。

直接经验的世界、同时代人的世界、前人的世界、后人的世界以及“有限意义的亚世界”、“可供操作的工作世界”等共同构成了具有过去、现在和未来的生活世界。我们从社会现实的角度分析生活世界的结构，就能将身体、时间、意义、情景、情感、主体等一一结合起来，添加进去，从而对整个世界有一个总体的了解。这其实就是一种构架个人世界观的尝试。

## 2. 窗里是一个世界，窗外是另一个世界

有房就有窗，窗里是一个世界，窗外是另一个世界。伫立窗前，我看到花开花落、燕去燕归，于是，我明白窗外的世界是一个四季轮回的世界。

我很喜欢旅行，每到一处，我都会租下靠近街道的房子。打开

窗子，我会看到街上车水马龙、人来人往的热闹景象。我享受这一切，并时常期待街上能发生一些有趣的事情。我喜欢外面那个喧嚣的世界，因为旅行中不能缺少热闹。

将窗户关上，就隔开了尘世的喧嚣。我看不到轮回的四季，也看不到车水马龙的繁华，我的世界还原为一片宁静，这片宁静是我独有的世界。我也喜欢这样的宁静，因为在繁华过后，我渴望享受孤独。在孤独的世界中，我会在安静中沉淀下来，独自徜徉在精神的海洋中。于是，我从屋内的孤独世界悄然进入了自己的精神世界。

无论是“享受热闹”还是“享受孤独”，都是无可非议的，因为生活本来就不止一种形态。我们不可能永远生活在喧嚣的世界，也不可能永远生活在孤独的世界和精神的世界，但我们可以永远生活在一个四季轮回的世界。因此，世界是变化的，但有时又是不变的。但不管世界是否会变化，谁都无法回避窗外的真实世界。

我不喜欢一直待在房中，因为憋闷太久会使我厌倦和懈怠。我始终牵挂着窗外的世界，期待着过不一样的生活。我会时常走出门，呼吸一下窗外的空气，不为别的，只为感受空气的不同。正是那份不同让我上了瘾。

视角一旦失去色彩，我的思维就会随之凝固。所以在我的世界中，不仅有黑色和白色，还有其他多种颜色。这或许正是我喜欢彩虹的原因。如果我一直待在一个地方，一直用相同的视角看待事物，那么随着时间的消逝，我那多彩的视角和活跃的思维就会在不知不觉间泯灭了。

旧世界中虽然有一些美好的回忆，但我更喜欢生活在新世界。人性中本来就存在着对自由的渴望，我们总是试图去打破旧世界的“牢笼”，然后愉快地去迎接新世界。倘若我们对新世界的生活失去了信心，那么我们的心智就会不由自主地衰竭。没有人希望一直生活在“牢笼”之中，因为窗外的世界总能令人牵肠挂肚。

尽管有时无法立刻走出“牢笼”，但我们仍需要不时走到窗前，推开窗子，放飞一下自己郁闷的心情，因为窗外的风景就是我们消除烦恼的灵药。思维若不让窗外的阳光晒一晒，一定会在阴暗中透出阵阵刺鼻的霉味儿。

人不可能持续不断地工作，就算是世界上最伟大的发明家也不可能永远保持创造的姿态。勤奋固然能够帮助我们走向成功，但它不是生命唯一的底色。从容淡定，不是追求一时的宁静，而是即使在嘈杂的环境中亦能保持心灵的坦然。无欲无求的世界必定单调，因此，我们为何还要封闭自己的欲望呢？勇敢去追求吧！只要是你努力得到的，就必然能得到赞誉，至少你会在心中对自己满意。要保持一颗平和之心，并非一定要封闭自己的欲望，世界上没有这样的规定。我完全可以怀着一颗平和之心去追求自己的欲望，因为追求欲望是人之常情，为何不这样做呢？

伫立窗前，极目远眺，打开心门去看世界，你就能从繁杂中看出简单，从喧嚣中听出宁静，从花开花落中理解轮回。窗外的世界总能给我们带来惊喜。风雨过后不一定总是彩虹，还可能是皑皑白雪。单一的视角只能禁锢我们的眼界。一扇窗的视角也可能千变万化。透过窗子看世界，它不仅体现了你一时的心情，更能展示你的人生气度。若我们能练好这一技能，世界既可以无限广远，也可以纤细具体。

窗外的世界雅俗共赏，有时它是一幅流传千古的精致画卷，有时它则是当下日常的琐碎。透过窗子看世界需要一份惬意，更需要一种情怀。伫立窗前，需要站在一个理性的位置才能看到世界的真相，只有从理想的基点出发才能生出感性的憧憬。

窗外的世界很复杂，这就需要我们以一种昂扬向上、奋发有为的人生观去面对。我们要传承先贤的知识，继承前人的智慧，用以引领我们更好地书写自己的人生。窗外的世界是诗性的世界，那里埋下了不朽的风骨，那里传承了历史的一脉奇香。除拥有高雅外，窗外的世界也会有许多的庸俗。一些人在物欲横流的世界中追名逐利，他们忘记了自己的理想和最初的信念，陷入了金钱与食色的泥沼。

有时，窗里和窗外是截然不同的两个世界，它们相互对立、相互阻碍，一个在上层，一个在下层。透过窗子，我们能够看到文明与自然的冲突，生与死的分野。

人的心灵有时很强大，有时又十分脆弱。而脆弱的心灵往往需要一扇窗子来支撑。当我们经历生老病死，陷入绝望之境的时候，如果有人能给我们描述一下窗外的世界，比如说一说那鲜艳欲滴的花草树木，讲一讲那神秘悠远的浩瀚星空，聊一聊那妩媚多姿的微风拂柳，我们就可能在那一幅幅寄托了无限憧憬的、跳跃着无限生机与活力的画卷中获得力量，解开心结。

夜深人静，窗外的世界星光灿烂，月光皎洁。此时，怀一颗纯净之心，伫立在窗前，向天空望去，你就能进入一种无欲无望的境界，你的思绪会随着微风的裹挟袅袅升起，然后遨游在星空之上。听着自己铿锵的心韵，你会感到那疲惫的心灵像是被一抹亮丽所敲击。与月对视，你会感悟万千，就像是触摸着自己的心灵。

窗很小，但它能装下窗外的世界；窗很大，却容不下一颗人心。

## 3. 要想改变世界就要先改变自己

在这个世界上，我们不能独自活着，我们会与他人一起工作，并为自己的理想而努力。最开始，人类的理想只是温饱，我们的祖先每天都会与天斗、与地斗，只为了能生存下去。后来，人类之间发生了战争，为的是争夺更多的土地、资源、财富和权利，等等。再后来，人类开始与自己的命运作斗争，每一个人都渴望改变自己的命运，把握自己的未来。现如今，随着人类的发展和文明的进步，我们又幻想着去改变世界。

不管世界是否能被改变，人类的欲望总是有增无减。不知从何时开始，人们的野心已经上升到影响世界的程度。逐渐地，我们开始相信自己也拥有着改变世界的力量。

我们希望改变世界，希望世界能变得像我们想象的那个样子。为此，有些人正试图努力，有些人已经在努力的路上。但是，很快我们就发现了问题，比如无论我们如何努力，世界还是原来的样子，没有发生丝毫改变。于是，在种种困惑中，我们开始变得迷茫，变得不相信自己。紧接着，我们的内心就会发出诸如“我不行”“我不能”“这不可能实现”“我根本改变不了世界”这样的声音。最后，在万般无奈之下，我们选择了逃避和放弃。这时，我们会恍然大悟：原来从始至终，我们只是在做着一个改变世界的梦而已。

真的是这个样子吗？绝对不是！其实，从始至终我们都忽略了一个重要的问题，即世界是相对的。所谓世界是相对的，意思就是说，即使世界是不变的，只要观看世界的视角发生改变，世界也会变成另一番模样。既然我们难以客观地改变世界，不如先改变自己。

或者说，要改变世界，我们首先应该做的是改变自己。

“要改变世界，先改变自己。”这既不是一句空话，也不是面对无法改变世界这一事实时所进行的自我安慰。它确确实实是改变世界的秘诀。因为，如果我们改变不了自己，就依然会像以前那样抱怨无法改变世界。既然我们曾在心中承认过去的自己无法改变世界，那么我们未来的出路只有改变自己。改变自己不是为了别的什么，而是为了获得改变世界的能力。如果一直处于以前的那种状态，那么无论现在还是未来，我们依然不能改变世界。如此简单的道理，却常常会被我们抛之于脑后，忘得一干二净。

若你想改变自己，就需要从你的心灵开始改变。心灵如果无法改变，那么即使外表变得面目全非，我们也不会从根本上发生改变。因为心灵是能力和智慧的源头，若心灵无法改变，我们自然就无法获得改变世界的力量。

也许，我们还存在着这样的误解，即把改变世界只看作从根本上改变外部世界。其实，这样的理解是狭隘的。人类对改变世界的理解并非如此单调，改变世界其实还包含着更为广泛的意义，比如改变世界就意味着让生活更美好，意味着实现自我的理想，意味着获得成功，等等。

人人都希望成功，但要想成功就必须付出努力，将自己的所有力量集中于同一个方向。在通向成功的路上，有时会遇到很多阻碍，比如突然出现一条河流挡住了前进的道路，这时，不同的人会有不同的选择。有的人会选择放弃，然后原路返回；有的人会沿着河岸寻找桥梁，或绕过河流；有的人选择等待，直到有船经过，再搭载别人的小船渡河。但是，大多数人都没有想过这样一个问题，即改变自己，然后再渡河。

而如果一个人懂得改变自己，他就不会在“渡河”时这样被动、这样困惑了。因为在看到这条河时，他往往会这样想：要放弃吗？不，这不是我的风格！要等待吗？不，未必会有船经过；即使有，别人也未必会乐意载我。要沿岸寻找出路吗？这河流一眼望不到头，不一定会有桥梁，也很难绕过。怎么办呢？为何我不试着改变自己呢？我可以试着在浅水处学习游泳，然后游过去；也可以在岸边的树林里砍木头，学一学造船术。若我能改变自己，学会这些技能，以后再遇到这样的河流，那要克服它就真的是“小菜一碟”了。

所以，如果你想成功，先不要想着去改变环境、改变世界，先学会改变自己吧！如果你不改变自己，你就会像从前那样平庸、无能，你就没有能力和资格去摘取成功的果实。这样说，未免有些不尽如人意，却是真正深刻的事实。若仔细分析，就能发现，影响成功的因素其实只有两个：一个是你自己，另一个是你的外部世界。如果你和外部世界都符合成功的条件，这当然完美无缺，无可挑剔。但是，外部世界，或者说外部环境往往不能轻易被改变，即使你能改变它，你也只能在那个外部世界、那个外部环境中获得一种成功。但如果反过来你改变了自己，比如你学会了很多技能、掌握了很多知识、获得了很多能力，那么对你来说，成功就会变得容易起来。因为无论你走到哪个外部世界，身处哪个外部环境，你都不会丢失这些技能、知识和能力，它们会一直跟着你，成为你一生的财富，帮助你在任何世界中、任何环境下获得成功。

如果你是一条小河，你的梦想是流入大海。但是现实很残酷，你距离大海非常遥远。怎么办呢？在经过深思熟虑之后，你决定用改变世界的方法来实现你的梦想。于是，在你遇到高原时，你奋力冲刺去改变那里的地貌，结果你开出了一条条沟壑。你经过这些沟壑重新汇聚起来继续前进，你成功改变了世界，实现了成功的第一步。当你为第一次改变世界而沾沾自喜时，新的困难又接踵而来——你遇到了村庄和森林。你依旧坚持改变世界的信念，继续前进，将村庄和森林分离开来，你再一次获得了成功。新的成功让你信心大增，你感到不久后就能实现自己的梦想，甚至开始不去担心以后的道路，在一些湖泊中停留了一会儿。

直到后来，你仅仅差一步就能实现涌入大海的梦想。而这一次，却没有想象中的那样顺利，你遇到了人生中前所未有的挑战——你必须淌过沙漠才能汇入大海。当你信心十足地流入沙漠时，大量的河水浸入沙漠，你十分惊恐地发现，每走一步，自己的身体都会变小许多。虽然如此，你仍然强颜欢笑，并自我安慰道："我已经克服了重重障碍，这次也不例外，我要改变沙漠，改变这个世界，然后投入大海的怀抱。"

虽然你的身体在逐渐消失，但你仍旧振奋精神尝试了一次又一次。你一直没有放弃改变沙漠，直到自己变得筋疲力尽、失去信心。当你发现自己所有的努力只不过是徒劳无功地浪费时间时，你终于开始灰心，你沮丧地自言自语："我梦想的大海啊！也许这就是我的命运了，我要消失在沙漠之中，永远也无法投入你的怀抱了！"

如果你永远走不出改变世界的执念，你就会因为这僵化的思想而步入"死亡"。你应该明白：微风可以跨越沙漠，河流同样也可以——只要你能学会改变自己！也许你会不服气地辩驳道："微风有'翅膀'，因此它能飞跃沙漠。而我没有，如何能做到呢？"

其实，你可以改变你的样子，也就是放弃你现在的形态，然后让自己融入微风之中，这样你也能拥有"翅膀"飞跃沙漠，最后到达你梦寐以求的大海。

改变自己的样子就能实现梦想吗？或许真的可以。但是，对于这一答案，你可能在恍然大悟之余，又会陷入这样的沉思：放弃现在的形态，乘风飞翔？的确，这样可以到达大海。但是改变自己原有的形体，那我还是我吗？这难道不是自我毁灭吗？

但是，你可能忘记了这样的事实：微风携着水汽飞跃沙漠之后，它们会重新汇聚在一起形成雨云，然后变作雨水降入大海。这就是说，你只不过是暂时变成水汽，最后你仍然可以以水的形态汇入大海，实现你的梦想。

如果你仍然接受不了这样的概念，不妨想想自己是从何而来的吧。正是由于微风带着海里的水汽，飞跃了沙漠、村庄、森林和高原，才会从山脉上空降下来，然后形成了河流。也许你改变了自己，但从始至终你的本质都没有变，所以你还是你。因此，不用惧怕面对改变自己后你便不再是你的情形。

人的生命历程就像河流一样，要想跨越前方的障碍，实现自己的理想，获得令人羡慕的成就，就需要我们放下自己，改变自己。我们要学会坚持一些东西，但在成功的路上也要学会变通。更何况，有时候我们所坚持的与我们要变通的并非都是矛盾的、不相容的。

要改变世界，先改变自己。因为成功的历程往往是这样的，即首先改变自己，其次改变生活，最后才能改变世界。只有改变自己，才能超越自己，才能做到曾经做不到的事情。若我们能改变自己对生活的态度，那么世界也会跟着改变。道理很简单：改变自己，只为成就更好的自己！

## 4. 窥到世界的本真，才能享受至纯的快乐

世界就像一个动植物园，每一种植物都有圈住它的篱笆，每一种动物都有关押它的牢笼。在这里，人类也不例外，也存在一种牢笼束缚着人类的自由，这个牢笼被称为世俗的牢笼。

纵观人类的历史，很多时间，人们都生活在这个牢笼中，按部就班地起床、洗漱、吃饭、工作、娱乐、睡觉，周而复始，永远重复着这样的生活。

突然有一天，一个调皮的孩子费了很大的力气从牢笼的缝隙钻了出来。他早就对不远处的河流充满了好奇，因为他总能看到河岸边经常有一群长着“大钳子”的红螃蟹在爬来爬去。男孩来到河岸边，他小心翼翼地去抓红螃蟹，结果却被螃蟹的“大钳子”夹伤了手。虽然受了伤，但男孩很坚强，没有流下一滴眼泪。然而，男孩很生气，为了平息心中的怒火，他抓来螃蟹放在火上烤，好让那些吃掉鱼卵的螃蟹得到教训。结果，烤熟的螃蟹香气扑鼻，男孩早就饥肠辘辘，瞬间便把它们吃了个精光。于是，男孩就成了一个吃螃蟹的人。

男孩玩够了，就带着几只螃蟹回到了笼子中，他准备将好吃的螃蟹送给自己的朋友。后来，人们都知道了这样的事实：原来螃蟹是可以吃的。如今，每一个人都知道螃蟹的美味，并且发明了许多烹饪螃蟹的方法。

第一次吃螃蟹也许是一段很奇妙的经历，但我们的生活中很少会有这样的事情发生，因为并不是每一个人都拥有男孩那样的好奇心，并不是每一个人都会像男孩那样走出牢笼，也并不是每一个人

都拥有男孩那样的勇气，敢轻易地品尝螃蟹的滋味。

其实，最为关键的地方，还是我们所拥有的那种一如既往的态度——我们不会尝试打破牢笼，更不会对走出牢笼抱有任何幻想。正是这种态度使我们的生活变得死气沉沉，再没有新奇的体验和惊喜。没有人会尝试着打破世俗的牢笼，因此人们的思想是僵化的，并且是自私的。随着这种思想的加深，人与人之间的矛盾和误解也在不断增加。

螃蟹很美味，而葡萄也很香甜。有一个执着的园丁，他一直致力于培育出各式各样的美味瓜果。一年夏天，他收获了满满一架的葡萄。为了得到人们的认可，园丁决定让每一个路过的人都品尝一下自己的葡萄。

第一天，园丁遇到了一个富商，于是，他满心欢喜地将葡萄赠予富商，请他品尝。富商品尝完葡萄后，十分高兴，对园丁说："你的葡萄太美味了，我马上就把钱付给你，如果你还有的话，可以继续卖给我。"园丁摇头道："先生，我不需要钱，我只是想让你尝尝这葡萄如何而已。"结果，富商耸了耸肩，将一笔钱塞给了园丁，然后捧着葡萄便走了。

园丁很郁闷。不久后，他又遇到一位官员，他满心欢喜地请官员品尝葡萄。吃完葡萄，官员向园丁说："你有什么事情需要我帮忙吗？如果是我力所能及的事，你尽管开口。不过，要是事情不合理，我可不能帮你。""我只是想请您品尝一些葡萄。"园丁变得更加失落了。

后来，园丁又遇到一对情侣，出于礼貌，他先请那位美貌的女子品尝，然后满脸期待地望着年轻女子，希望能听到她对葡萄的评价。不料，这时女子的丈夫虎视眈眈地盯着园丁，似乎对他充满了仇恨。园丁见状，还未等女子开口评价自己的葡萄，便灰溜溜地转身逃走了。

在逃走的路上，园丁又遇到了一位衣衫褴褛的老人，老人主动向园丁乞讨葡萄，园丁在失落中将剩下的葡萄赠予了老人。老人接过葡萄，迫不及待地开始品尝起来。他一边嚼着美味的葡萄，一边赞美道："多美味的葡萄啊！又多汁又甜美，和我以前品尝过的葡萄不一样，这葡萄种得太好了，真是难得！"听了老人的话，园丁热泪盈眶，他终于听到了自己想要的答案。

其实，园丁想要遇到的只是一个真正懂得葡萄滋味的人。但是，几乎所有的人都没有去关注葡萄的甜美，而是按照世俗的寓意来理解园丁的用心。他们认为园丁在让人们品尝葡萄的背后一定预示着什么，比如为财富、为名利、为美色，等等。这些人没有打破世俗的牢笼，只是用自己的恻隐之心来猜测别人的美好用心。他们实际上失去了很多东西，并且永远不会懂得那些失去的东西有多美好。

对于我们来说，又何尝不是如此。在生活中，有多少美味的"葡萄"摆在我们面前，我们却没有用本真之心去品尝它们的甜美。我们总是打破不了世俗的牢笼，一直以随波逐流的姿态，以无聊大众的眼光去审视美好的一切，去观察这个原本就充满美好的世界。我们在接受了美好之后，总会阴暗地猜想其背后的目的。结果，在我们斤斤计较内心的时候，我们错过了无数的美好、机会以及成功的可能。世界是公平的，它摆在我们眼前的"葡萄"都是同样的美味，唯一的区别在于我们会以怎样的态度去解读它们。

你还记得自己最初的愿望吗？你还在顾虑世俗的规则吗？人们期望着能够体会世界的真意，却在真正能与世界遇合的时候，失去了本初之心。他们学着别人的样子，步着别人的后尘，把自己当成被囚禁在世俗牢笼中的猩猩。更为可笑的是，有时候，我们连一只猩猩的智商也没有。

生命像是一道流光，也许它的寿命不会太长，但它在我们手中的质量却因人而异。并不是财富越丰，知识越多，名利越强，质量就一定越高。恰恰相反，很多时候，我们越是能返璞归真，越是能怀着一颗天真之心、赤子之心去面对世界，我们就越是能窥到世界的本真，越是能享受至纯的快乐。

## 5. 对悲观者来说，阻隔无处不在

有人说这个世界上有无数面“墙”，也有人说这个世界上有无数扇“门”。“墙”是隔膜的墙，“门”是沟通的门。一面墙可以堵住人前进的道路，一扇门可以沟通门里和门外的世界。墙让我们无路可走，象征的是一条死路；门让我们有路可寻，预示的是一条活路。这个世界上有人走进了死路，也有人打开了活路。所以，它是由无数面隔膜的墙和无数扇沟通的门共同组成的。

世界既是复杂的，也是多元的，正是它的复杂成就了它的多元，正是它的多元造成了它的复杂。无论何时，世界都没有停止运转，灾难、战事、疾病、争斗……也从未停止肆虐。而这一切正好成为我们难以应对它的理由。

当我们面对难以逾越的困境时，“墙”便出现了；当我们在困境中找到机会，“门”自然就会打开了。对悲观者来说，阻隔无处不在，所以他们的生活中往往会凭空出现无数面“墙”；对乐观者来说，机会无处不在，所以他们的生活中“门路”就会有很多。

乐观也好，悲观也罢，凡事都需要一定的限度。盲目乐观的人虽然不惧困难，但会将一些重要的事情大而化之，而对问题估计不足必然会导致失败。过于悲观的人会消极怠惰，对未来丧失信心，这样无异于不战自败。我们既不能盲目乐观，也不能过分悲观，而应该做一个现实主义者。这样一来，我们不仅能看到生活的困境，也能看到生活的希望，对世界的认识和把握也能高人一筹。

相由心生，境出心造。“墙”与“门”都是由心而造，由心而生。人心才是驾驭“生命之马”的缰绳。要想认识并把握困境和希望，就需要我们用心灵驾驭外界的一切，而不是让外界的一切来驾驭我们的心灵。

面对世上的“墙”，有些人会表现得过于冲动，一旦难以逾越，他们就会感到非常绝望，认为一切都是不公平的，灾难总是追着自己不放。这样的人总是自怨自艾、妄自菲薄，整天望“墙”兴叹，不去改变命运，反而把自己交给命运，任由命运的摆布。这是一群随波逐流的人，也是一帮以失败为伍、与成功无缘的人。

当然，也有一些人对“墙”的态度截然相反。这类人遇事冷静，能审时度势，并且十分努力上进，拥有在“墙上”寻找“门”的智慧。他们不会任凭命运摆布，而是积极地征服和改变自己的命运。在别人眼中，他们是幸福快乐的一帮人。很多时候，幸福的种子往往需要用智慧的甘霖来灌溉，而能从“墙上”找到“门”的人正是符合这一条件的人。

人生是用来把握的，世界是用来展望的。没有人愿意在人生的舞台上表现得糟糕，要想演绎精彩的人生，就需要我们打破“墙壁”，开启全新的大门。为了实现这一目标，就需要我们学会转变观念，开放思想，积极地改变自己，用开阔的心胸积极地把握人生。

实际上，“墙”与“门”总是同时存在的。因为没有墙，哪会有门呢？门难道不是在墙上开凿的吗？同样，墙上往往会有门，因为没有门的墙不叫墙，而叫坟墓。

“墙”与“门”共同构成了我们的心房。若我们能打开心门，就能将我们的心灵与世界连通。若我们无法打开心门，我们的心灵只能被心墙隔离，成为一种孤独的存在。

世界上没有脱离了墙而存在的门，也没有脱离了门而存在的墙。“墙”与“门”总是一体的，门嵌在墙内，成了墙的心；墙包裹着门，成了门的身体。当我们张开身体，打开心门的时候，才能坦然地拥抱世界。

生活像是一个迷宫，它由无数的墙和门组成。我们努力地在墙上寻找门，等找到了门，打开了它，却可能发现门后仍有墙在等着我们。如何对待墙？如何选择门？这些问题使我们感到纠结，让我们苦于挣扎。墙总会使我们失望，门总是给予我们希望。我们会时而失望时而希望，在这种交替中走着自己的人生路。

虽然“墙”会给我们带来失望，但它又是必不可少的。人活在这个世上不可能事事如意，总会遇到困难，总会迎接风雨。“墙”像一团雾，又似一张网，有了它，人们的双眼才会被迷惑；有了它，人们前进的方向才能被阻挡。同时，也正是因为有了“墙”，才会引起人的无限遐想。人们憧憬着墙那边的无限风光，才会燃起梦想的火花，才会去勇敢地追寻心中所想。对我们来说，“墙”是压力，也是动力，它既是我们追求梦想的阻力，也是我们前进的动力与能量。

有人说“活着便是幸福”。这是一种洒脱的态度，也是对生活的最好诠释。拥有这样观点的人必定气度不凡，因为他们已经拥有了跨越墙的本领，可以轻松地打开心门，站在墙外欣赏美好的风景。

有人说“生活即痛苦”。这样的人没有看透“墙”的本质，过分强调“墙”的存在，一遇到“墙”便会显出无奈，久而久之，“墙”对他们来说就真的变成了无法逾越的障碍。生活对每个人都是公平的，一些人之所以会感到痛苦，是因为他们为自己建立了一面心墙。

我们每一个人都是自己人生的掌舵手。与我们相关的很多东西不是由命运掌控的，而是由我们自己掌控的。如果你不快乐，没有人会同情你的悲伤；如果你不坚强，没有人会怜悯你的懦弱；如果你不努力，没有人会陪你原地停留；如果你不珍惜，没有人会和你挥霍时光；如果你不执着，没有人会与你同进同退……

快乐与否、坚强与否、努力与否、珍惜与否、执着与否……这一切都掌握在我们自己手中。生命像一颗流星，只有掌握命运的轨迹，才能发出耀眼的光芒。

“门”就在我们的手边，而“墙”却时常筑在我们的心里。世界上，真正成功的人都能站在“墙”外看风景，因为在通向成功的路上，他们已经跨越了无数的“墙”，通过了无数的“门”，自然能够欣赏不同的风景，领略不同的人生。

世上没有免费的午餐，也不会从天上掉下馅饼，毫不费力就成功的事更是天方夜谭。不劳而获的食物，不是堕落的果实就是诱惑的毒药。努力做事，才能得到“幸运女神”的关照。给你一面“墙”，不是要阻碍你前进的脚步，而是要磨炼你的意志，考验你的灵魂。“墙”的阻挡能使你在痛苦中学会成长，在压迫下变得强大，所以有“墙”阻挡的人未必不会幸福。

在悲观者的眼里，现实很残酷，处处都有“墙”；在乐观者的眼中，现实很美好，处处都是通向幸福的大门。让我们勇敢地接受有“墙”的事实，去探索门的存在吧！上帝不会平白无故地关上你的大门，即使他关上了你的一扇门，也会在同时为你开启另一扇门。

凡事无绝对，破开小小的墙缝，也能开启一扇简陋的门；长久紧闭的门也可能成为一面永远都无法逾越的墙。世上的墙分为两种：有形的墙和无形的墙。其中有形的墙不可怕，无形的墙才可怕。推开心门，走出心墙，外面的世界很精彩！

## 6. 要思考一下，这个世界的社会性

人们对个人和社会的关系的系统性研究是从哪里开始的呢？人们所进行的那些激烈且尖锐的争论便标志着它的开始。这种争论包含了它所特有的研究程序和目标。这种争论与其他领域的争论一样，既不局限于理论的真理性问题，也不局限于方法的正确性问题。一直以来，人们所争论的主题无非是各种社会科学能否凭借其自身获得独特性的问题，或者是它们能否在以往的科学经验中获得优先权的问题。

举例来说，在一个阵营中，人们会按照探讨和研究自然现象的方法来探讨和研究社会现象；而在另一个阵营中，人们会将这两种现象进行鲜明的对照和比较。在探讨和研究社会现象时，人们会将它们当作某种客观精神世界的东西来看待。人们可以理解这种客观精神的世界，但它并不受各种科学法则的支配。而社会

科学家对这一主题所采取的态度往往是由诸如形而上学方面、伦理方面或者政治学方面的预设前提决定的。这些预设前提可能是默认的假设，也可能是公开的描述。人们一旦从事某种研究，就会陷入对某些问题的纠结之中，若他们希望自己的研究富有意义，就必须解决这些问题。

社会科学研究的是人的存在，还是不同的社会行为方式呢？如果说社会先于个体而存在，那么个体一旦离开了社会整体是否就不存在了呢？当然，我们也可以用另一种方式来对这一问题进行反向描述。我们也可以说个体是首先存在的，那么这是否就意味着社会本身以及各种社会组织都不过是一些抽象的概念，或者说都不过是各孤立个体的行为“函数”呢？我们常常提到这样两个概念：社会意识和社会存在。那么，关于人的社会意识和社会存在是由什么所决定的呢？是社会存在决定社会意识，还是社会意识决定社会存在呢？我们可以用经济学的法则来解决许多实际的问题，我们是否同样可以利用这样的法则来还原人及其文化的历史呢？我们亦可以反过来提问，经济学法则与社会学法则所表达的不都是同样的东西吗？要想系统地表述它们，不都是需要时代的各种历史性视角吗？许多社会科学家都试图摆脱这些问题所带来的困境，但是由于操之过急，他们在探讨和研究这些问题时往往给出的是一些幼稚的伪解答。这些伪解答来自多个方面，包括出于性情的主观偏见、政治方面的主观偏见以及形而上学方面的主观偏见等。

因此，这些出于本性的伪解答并不能与科学研究的基本原则相一致。科学研究的基本原则只会要求我们理解和描述所面对的各种事实，仅此而已。所有的社会研究都必定具有这样的指导性目标，即它们会客观地看待这个由各种社会事实构成的世界，用各种概念诚实地对这些事实进行符合逻辑的分类，并且对构成各种事实的材料进行精确的分析。

一旦接受了这种指导性目标，人们就会对某种有关人类社会起源的理论如饥似渴。这种迫切的需要与他们能接受这种指导性目标的程度相适应。德国社会学家格奥尔格·齐美尔在这类理论方面做出了突出的贡献，他不仅发现了这个问题，而且还试图用自己的方法对它进行解答。虽然齐美尔的方法论存在一定程度的混乱，也不成系统，但是他能认识到自己理论的缺点并加以弥补。在研究各种特殊的社会现象时，他会将自己有关社会本性的各种理论上的先入之见投射其中。齐美尔在一些专门的研究方面做出了宝贵且影响深远的贡献。但如果用批判性的眼光去审视他所提出的那些基本概念，就会发现，它们几乎都是经不起推敲的。尽管如此，齐美尔思想中所隐含的观念却是卓有成效且可被继续利用的，这已经被大量的事实证明过了。总结齐美尔的思想，主要可以归纳为两点：一是人们在研究各种具体的社会现象时，应该追溯到个体的行为方式上去。二是要详细地描述由这些行为方式构成的各种特定的社会形式并加以理解。

德国社会学家马克斯·韦伯所提出的“理解的社会学”同样也是基于这种思想。虽然韦伯的著作中具有与齐美尔相似的思想观念，但这并不影响其所做出的巨大贡献的独创性。正是由于他的著作汲取了绝大部分同时代思想流派的观点，才使得他的研究成果显得那样独一无二。他是一位令人惊叹的天才，这一点毋庸置疑。德国社会学是一门科学，它不是作为某种意识形态而存在的，韦伯为这门独特的科学指明了方向，并且为其提供了必要的研究工具和手段，所以他是伟大的。如果缺少了韦伯奠定的基础，那么诸如舍勒、维泽、桑德尔以及弗赖尔等所著的德国社会学的重要著作都将是难以想象的。

马克斯·韦伯认为，社会科学必须摒弃各种价值判断。在韦伯的著作中，他发起了一场政治意识形态和道德意识形态的论战。正是由于这些意识形态的存在，才使得社会科学家们的判断轻而易举地发生改变，才使得他们在有关社会学的问题上变得不再客观。出于同样的目的，韦伯又将社会学的任务进行了重新界定。他认为，社会学的任务应该是以社会事实为依据，对社会生活进行单纯且精确的描述；他并没有像之前的社会学家们那样，只是简单地将社会学看作形而上学方面的沉思。在他看来，社会学是一门有关人类行为及其后果的科学，它不再是以往人们眼中的那门有关人类生存的哲学了。

韦伯的社会学的逻辑结构就是建立在这样的基本立场之上的。通过研究，他推导出来了“共同体关系”和“社会关系”。这两种关系是对社会行为和社会关系等概念的一些崭新的描述和类型化。之后，他又引出“秩序”这一概念。这样，有关各种团体和机构的特殊类型也被推导了出来。为了将经济、法律、政治等当作社会现象来探讨和研究，韦伯使用了自己的逻辑工具。我们无法对这种逻辑工具的方式进行详细的描述，只需要关注他将社会关系、社会结构、具体文化以及客观精神领域还原成个体行为的基本形式。社会世界的复杂现象都保留着各自的意义，这些意义都是相关个体赋予其各自的活动的。个体的行动和个体对其行动的预期都是具有意义的，而这样的意义才应当进行解释性的理解。要接近每一种社会关系和社会结构的意义，我们就需要对个体行动的意义进行解释性的理解，因为此类的意义都是由社会世界的个体行动构建而成的。

在马克斯·韦伯之前，从来没有哪个思想家会将“客观精神的世界”还原成诸个体的行为，只有韦伯真正将这一方案极其彻底地落到了实处。这种科学的目的就是对社会行为的主观意义进行解释以及对这样的社会行为进行研究。因此，它的目标是对社会世界中诸个体的行为进行解释，也是对个体赋予社会现象意义时所采用的方式进行解释。要实现这一目标，单纯地观察某个单一的个体行为或是收集某个群体行为的统计数据都是不够的。如何选择社会学问题所需的材料呢？这其实需要一些特殊的方法，也只有通过这些特殊的方法才能达到其所奋斗的目标。在以往的社会学中，社会学家们留下了许多被当作“理想类型”来认识的理论性构想，只要将这些构想进行系统的表述，人们就可能为社会学的目标进行材料选择了。需要说明的是，这些类型不同于统计学中的平均值，因为它们都是根据即时问题的种类即时选择出来的，也是按照特定问题的相应方法论构建而成的。这些理想类型都是由具体的历史性的材料构造的，它们是社会学家研究社会学的理想素材。通过运用和证实各种理想类型的方法，不仅能够用人类活动的意义来逐层解释特定社会现象的意义，还能将社会世界的结构用可理解的意向性意义的结构揭示出来。

## 7. 世界那么大，想去看看意义何在

马克斯·韦伯提出的“理解的社会学”这一概念令后来的社会学家们叹服不已。这确实是一个能够影响社会学发展的重大概念。然而，即使是这样的概念，它也是建立在一系列的假设基础之上的。对这些假设进行甄别和陈述是必要且急迫的，因为只有彻底分析了这些社会行为的基本成分，才能为社会学的发展提供可靠的基础。韦伯正是清楚地认识到了这一点，他才会对社会学的理论基础如此

关注。他所关注的不是那些抽象和虚幻的东西，而是对各种具体的问题进行探讨和研究。韦伯之所以会对各种认识论的问题产生兴趣，是因为这些问题可以对社会学的研究产生直接的影响，或者说它们可以为这些研究提供有效的工具和手段。反言之，如果他已经掌握了这些研究的工具和手段，那么他对这些问题的兴趣就会逐渐衰退。

韦伯在方法论上对社会科学做出了重要贡献，他不仅对社会科学的任务具有完美的观点，同时也在方法论上表现出了令人敬佩的哲学天赋。当然，他在学术基础上也有薄弱之处，他并没有利用更为可靠和系统的哲学观点来强化自己研究成果的学术基础。即使那些由他自身提出的主要概念，他也没有阐明其哲学基础。韦伯理论的局限性同样也在于此。当各种社会现象出现在他的面前时，他对社会世界的分析便突然终止了。

事实上，如果单纯地按照那些作为基础的假定去分析，韦伯无疑是错误的。他的那些富有意义的活动的概念并没有对某种原初的成分进行界定。相反，那些概念只能作为用来表示更多复杂研究领域的标签而已。在研究社会学问题时，韦伯没有区分正在进行的行动和已经完成的行动，也没有区分文化对象和文化对象的生产者，更没有区分自我的经验和他人的经验。韦伯没有探寻行动者的意义是如何构建的，也没有探寻这种意义对其参与者和旁观者来说经历了哪些修正过程。他没有尝试识别存在于自我和他人自我之间的独特且基本的关系，而阐明这种关系对确切地理解和认识一个人是至关重要的。

对于一个行动所具有的主体预期的意义和可以客观认识的意义，韦伯曾经进行过有效的区分。但是他并没有沿着这个方向继续下去。因此，他也就没有机会认识更多富有意义的区分。他忽视了解释者修正意义的方式，也忽视了别人给定我们的概念视角。但是，各种视角下的行为的意义结构之间存在着一些根本性的区别。这是实际存在的必须予以解释和陈述的问题。

对于我们来说，社会实际世界是如何给定的呢？有人认为社会世界是作为某种同质的对象而给定的，但对社会学家来说却并非如此。实际上，社会世界是由各种视角组成的复杂系统给定的。举例来说，当我与朋友聊天时，我能从朋友那里获得丰富的经验，同样我的朋友也能从我这里获得丰富的经验。另外，对于一位旁观者来说，我们则是通过谈话的氛围表现出来的。旁观者在确立和解释我们活动的意义时会将视角性的缩略过程考虑在内。因此，这些都是社会科学的重要研究对象。我们要说明的不是不同个体对世界看法的差异，而是我对自我主观经验的解释和我对他人主观经验的解释之间的差异。对正在进行活动的自我和正在进行解释的观察者来说，那些给定的东西不仅包括富有意义的活动，也包括这些活动的意义脉络或意义形态，同时还包括那个整体而又充分分化了视角的社会世界。只有认识了这一点，一个人才能理解其他自我活动的意义，才能理解他们是如何被当作理想类型而得到把握的。

韦伯看到了这些问题，并且能够在进行研究的时候对它们加以分析和利用。在日常生活中，人们通常会假定存在着这样一个外部世界：它是合法的，同时也与我们的理解过程的各种概念保持着一致性。韦伯也认为存在着这样一个外部世界，即该社会世界的各种现象可以理所当然地作为某种主体间际的一致统一。其中的原因在于，在日常生活中，我们会自然而然地产生这样的经验，即我们会直接把自己的活动当作有意义的对象。同时我们认为其他人也会产生这样的经验，其他人如果处于我们的位置，他们产生经验的方式与我们产生经验的方式并没有区别。我们相信，在整体上我们对他人的活动意义的解释都是正确的。然而，当人们只是将各种常识性的假定当作一门科学的研究手段，而未加任何批判性的思想的时候，这些常识性的假定就会在未来研究中暴露出诸多问题。它们会使这门科学中的基本概念变得含混不清，继而对其研究工作产生许多负面影响。这些负面影响还会导致科学和研究的失败，研究者们会将属于同一类的想象当作具有差异的多种事物。任何一门科学都可能会面临这样的威胁，特别是对社会学来说更是如此。

我们知道社会学的任务就是对各种社会现象进行研究。或许，在一定程度上，各种社会现象是由一系列的常识性概念构成的。但是在社会学中我们依然要对这些不证自明的概念进行科学的研究和考察，否则，便是行不通的。利用这些常识性的概念，我们可以将各种社会科学与其主题之间的关系清楚地表现出来。无论是对生活在这个世界中的人来说，还是对社会现象的解释者们来说，这个社会世界都是富有意义的。我们与其他人一起生活在这个世界之中，当我们的生活取向其他人的时候，在一定程度上可以说我们是为了他人而活的。

我们会从其他人那里获取经验，将他们当作合作伙伴、同时代人、前辈或者后来人来看待，在与他们共同活动和生活的过程中建立联结关系，我们会对他们造成影响，同时也不可避免地会受到他们的影响。我们会在这些过程中理解其他人的行为，并且假定他们也能理解我们的行为。在这些确立意义和解释意义的活动中，社会世界具有结构性的意义就会被确立起来，并且其确立的方式也呈现得多种多样——它不仅可以通过不同的匿名性程度和经验的或多或少的亲密性得以确立，还能通过各种相互交叉的视角得以确立。而这个五彩缤纷的社会世界不是某个人的私有财产，它既是我们的世界，同时也是其他人的世界。

我们将这个世界当作一个富有意义的对象来体验，而对于社会学家来说也同样如此。但是，社会学家与普通人不同的是，他们用以解释这个世界的意义脉络是具有系统化审视的意义脉络，而普通人所采用的却是与生活经验有关的意义脉络。社会学家用以解释这个世界的那些材料都是先辈们早已构建出来的意义。他们所提出的那些科学概念必定会指涉这些富有材料的意义，其中包括个体男女所进行的有意义的活动，男女双方都具有的有关对方的经验、男女双方对各自意义的理解以及他们创造富有意义的新行为的过程等。同时还包括自我行为的意义和他人行为的意义的概念，以及涉及人工制品的意义的概念等。社会科学所使用的材料虽然一直处于前科学阶段，但是其中却包含了大量的意义和结构的成分。而通过社会科学的有效性和理解性，这些成分也会或多或少地表现出来。

因此，人类的各种行为在产生之时就已经富有了意义。如果我们站在日常生活的层次上来审视它，就会发现它是可以理解的。不过，在多数情况下，这种理解确实是含糊混乱的。然而，我们仍旧可以找到补救的办法。我们只需要经过几个阶段的研究，就能将这种含混不清的理解彻底澄清。需要说明的是，在每一个研究阶段中，我们都会对那些出现的意义结构进行重新排列组合，直到它们看起来变得无比清晰明确为止。当然，这样的安排并不是随意的，而是通过精心策划的。我们应该首先理解那些已经经过阐明的意义的内容，然后才能展开下一步的工作。我们需要根据这些异议内容在经验中的层次对其重新进行解释，最后才能完成所有的证明工作。我们完全可以用两个处于极端的例子来解释这一点。第一个例子是单纯地理解日常生活所具有的意义，第二个例子是理解社会学中各种理想类型所体现出来的意义。

如今，阐明社会世界不同维度之间的关系成了社会科学理论所面临的紧迫任务，社会学家所要做的就是对这些复杂的关系进行研究和分析，进而确定它们之间的界限。社会科学中的那些有关主题与方法论的绝大部分争论与这些主题的混乱状态紧密相关，或者说它们就是由这些混乱状态造成的。社会学中的每一个流派都可以在这些解释层面中任意选择一种作为自己的出发点。因此，每一个流派所建立的方法论也都只适应于最初选择的那个解释层面。他们的发展和创新的研究思路也只适应于自己的出发点。接下来，这一出发点的意义层次或意义结构很快就会被他们界定为社会学的唯一主题，至少他们会理所当然地将其界定为社会学主要的主题之一。

## 8. 为这个世界做点不一样的解释

我们的那些行为之中既包含了主观意义又包含了客观意义。一直以来，我们总喜欢将行动的客观意义当作行动的主观意义的对立面。于是，我们对客观意义的解释就变成了这样，即它表示存在于行动者内心的与主观意义有所不同的意义。

举例来说，行动者 A 做出了某个既定的行动 B，我们用 C 来表示行动 B 对行动者 A 来说具有的意义。我们说行动者 A 通过身体方面的运动实现了行动 B。假设行动 B 得到行动者朋友 S 和一位社会学家 F 的观察。同时也假设行动 B 对这两位观察者来说都是具有意义的。在这种情况下，观察者 S 和观察者 F 就会把他们所看到的相关行动者 A 的主观经验的行动 B 的外部过程，用一种他们所能理解的意义解释出来。在理解和解释行动 B 的过程中，无论这两位观察者通过观察性的理解还是动机性的理解，他们都是不能完全发现意义 C 的。因为观察者 S 只能根据自己的实际经验把行动 B 解释成意义 C1，而观察者 F 会根据社会学的各种理论构想把行动 B 解释成意义 C2。在这里，意义 C 是行动者 A 赋予其行动的主观意义，而意义 C1 和意义 C2 则分别是观察者 S 和观察者 F 所理解的客观意义。可以看出，C1 是与观察者 S 有联系的客观意义，C2 是与观察者 F 有联系的客观意义，之所以将 C1 和 C2 称为客观意义，是为了解释它们与主观意义 C 的不同。需要说明的是，这两种客观意义都是由行动 B 的外部证据推导而出的，它们不可能与客观意义 C 达成完全一致。

事实上，主观意义对当事者来说只有一个，这里的主观意义 C 是对行动者 A 而言的。当然，我们也可以将 C1 和 C2 当作主观意义，但是这两种主观意义则分别是对观察者 S 和观察者 F 而言的。也就是说，C 是行动者 A 赋予自身行动的主观意义，而 C1 和 C2 分别是观察者 S 和观察者 F 赋予它们对 A 进行观察的行动的主观意义。

行动者和两位观察者都生活在这个世界中，对于两位观察者而言，行动者 A 所做出的行动 B 只不过是外部世界中的某个事件而已，他们会在生活中利用自己的主观经验来对行动 B 进行理解。因为他们始终都是靠自己的主观经验进行生活和反思的。他们利用自己对这个世界的直接经验并通过各种概念和判断来思考这些经验，这样他们就能对新的事物进行解释和理解了。他们的经验只要对于你我或者任何一个有理性的人是有意义的，那么这些经验也必定对他们自身有意义。而这些所谓的意义其实只是一种态度，一种理性生物对其所需面对的对象采取的态度。观察者 S 和观察者 F 既然见证了行动者 A 所做出的行动 B，那么他们就会将其看作自己世界中的一个事件，他们只会凭借主观经验来看待它并说明它。因此，他们眼中的意义只是对自己经验的某项说明而已。

无论对于你我，还是对于这两位观察者来说，外部世界的这种现象都是有意义的。对于我们任何一个人来说，只有这个外部世界才是真实存在的，同时它也是事先就给定的。我们在看到每一种活动时，都会急不可耐地去赋予它一种意义，而实际上，这种意义都是你的主观经验中的素材，它在一定程度上指示了你曾经有过的某种富有意义的活动。因此可见，所谓的意义其实是一些主体之间才会产生的现象，它们是由这些主体根据自身的经验构造出来的。

在我们讨论客观意义时，我们不仅能指示出那些比较宽泛的意义脉络，同时还希望将这种客观意义归因于那些表达式和观念方面的客观性。我们希望表达的是，不管是否有人考虑和使用这些表达式和观念，它们的客观性都能因为其自身的理由富有意义和可被理解。

举例来说，“2 × 2=4”是一个表达式，这个表达式具有某种客观意义。但是无论使用这个表达式的人怎么想，“2 × 2=4”是一个表达式的事实都不会改变。再如，贝多芬的《第九交响曲》的主题具有某种意义。不管贝多芬想用这首曲子来表现什么问题，都不会改变其富有意义的事实。客观意义在这里其实是作为一种观念性对象来考虑的意义单位。然而，我们会根据一个表达式的意味来考虑它的意义，因为这样做才是真正客观的。我们必须把“意义”和“意味”区分开来，因为“意味”是一种观念性的统一体，我们可以将它与各种可能的意义活动形成对照，从而探究出当前活动的意义。

我们再来分析有关表达式的情况。如果一个表达式仅仅根据它表面所展现出来的样子就能获得某种意义的话，那么即使我们不考虑创造它的人所经历的境遇，我们也能清晰地理解它。这样一来，它所表现出来的意义就是客观的。否则，这个表达式的意义在本质上就是主观的和偶然的。

在解释他人行为的过程中，我们可以利用多种方式进行解释。如果你是一位数学家，你可以用一个表达式来表示该行为的意义；如果你是一位画家，你可以用一幅画作来表达该行为的意义。当然，我们还能用语言系统、科学系统以及神经系统中的各种观念来表达他人行为的意义。在这些解释的过程中，各系统的客观性就能得到展现，它们也都会发挥自己独特的作用。也就是说，我们完全可以利用某种预设好的“解释图式”来表达他人行为的客观意义。而且这些图式都是有规律的，它们经过了观察者的选择，并与这些观察者有着紧密的联系。

我们将某种意义赋予某种行为，这既是一个主观化的过程，又是一个客观化的过程。而我们赋予行为意义的过程，其实就是将我们的那些纯粹的感觉经验在这些行为中重新“赋予生命”的活动过程。这些意义其实在我们以前的意识运动中就已经被构造出来了。

我们的那些经验是我们已经沉淀下来的材料，它们存在于既定的时间点上，也存在于每一个相似的场合中。在我们遇到相似的行动时，我们就会从记忆中调出这些材料，去赋予这些行动一定的意义。而这些材料都是可以通过某种严格的调查方法得到揭露的。

每一种行为的意义都有其意义结构。这些意义结构是由重要的意义层次构建起来的，也是通过这些意义层次得以分析的。

我们的世界既是由真实对象构成的世界，又是由观念性对象构成的世界。或者说，我们的世界既是一个物质的世界，又是一个精神的世界。对于人类来说，无论是从物质层面，还是从精神层面，这个世界都是富有意义的。而我之所以会这样斩钉截铁地断言，是因为我并没有关注把意义赋予世界的意识活动，我只是把一系列高度复杂的意义内容预设给了这个世界，继而将世界富有意义当成了毋庸置疑的、事先就已经给定的东西。我抛开了主动参与赋予世界意义的意识活动的做法，用一种更为客观的方法赋予了世界以某种意义。于是，从世界起源中抽取出来的意义结构就是客观的，即本身便富有意义。依然以命题“2 × 2=4”为例，可以看出，即使它不具有当事者赋予的主观意义，比如使它代表账目的平衡或是作为科学证明的依据，它仍旧具有自己的客观意义。

而从另外的角度来说，情况则会恰恰相反。现在，把我们的焦点转向意识进行的运作过程。假设我主动参与了赋予世界意义的意识活动，那么这样一来，我眼前的世界便不再是一个被我预设好的世界了。也就是说，我所面对的世界不再是给定的了，它变成了一个正在被构造的世界，或是一直被重新构造的世界。这个世界的特别之处在于，它每时每刻都在不停地生长和消逝，并且不断地在我面前出现。世界的这个不断构造的过程是永远也不会完成的，因此世界永远会处于不断形成的过程之中。我生活在这样的一个世界里，它的存在是我意识生活中最基本的事实。正是由于这个世界的存在，我才能对我生命运行的过程以及消逝的过程有所觉察；也正是多亏它这样的存在形式，才使得我可以清晰地感受到自己生命的绵延。

在日常生活中，我们每个人都有自己的自然立场，因此对于那些被赋予意义的活动，我们都秉持着自己的自然态度。我们可以从这些活动中觉察到通过它们而被构造出来的客观意义。在经过了一番辛勤的努力之后，我的内在经验逐渐得到积累，于是我便能在想象中脱离这个由各种物质对象构成的世界，完全沉浸在我的精神世界之中。我会将我的关注点集中在内在的意识流之上，而这个自然的世界便会在我的脑海中消失不见，在我的精神世界中，我会利用我的各种意识经验来还原自然世界中的那些现象，只有经历了这样的思考过程，我才能真正觉察到自然世界的构造过程。

对于一个秉持自然态度的自我来说，所谓的主观意义和客观意义的问题都是陌生的。而只有在我利用各种意识经验还原过自然现象之后，这两种意义形式的问题才会最终在我面前呈现出来。

对于我们来说，所谓的“意义”与那些具有意向性的意识是不相关的，它只包含了某种独特的社会含义而已。在社会领域中，客观意义和主观意义在社会学角度上获得了一种新的相关性的重要意义。我们一方面可以关注外部世界中的各种现象，然后以其他人的意识的标示来对它们进行解释。在完成这样的任务之后，这些现象便具有了所谓的客观意义。另一方面我们也可以将外部世界的现象放置在一个有理性的自我意识的构造过程之中，然后再对其加以研究，这样我们就能赋予它们主观意义了。由此可见，我们的世界不仅是一个具有客观意义的世界，同时还是一个具有主观意义的世界，我们完全可以从这两种意义的角度来解释和理解它。

## 第二章

# 没有意义的事，做来何用

人的行动不同于自然运动，因为人的行动是有意识的、自觉的社会活动。随着它的展开，我们的人生才能拉开序幕；随着它的实行，我们才能成就自己的人生。人类存在和发展的前提是行动。没有行动，人类就无法改造自然，也无法解决衣食住行等众多问题。行动是满足自我存在和发挥的需要，有了行动，我们就能创造一切我们所需要的东西。没有行动的人生注定会碌碌无为，因此要想在社会上立足，要想取得人生的成功，行动始终要放在第一位。

人类的个人价值和意义需要通过行动才能展示出来。纵观人类历史，无一不是由种种有意义的行动组成的。个人行动展现了个人对历史的价值、个人存在的价值以及个人人生发展的价值。通过有意义的行动，“小人物”可以变成“大人物”，平凡的人生可以变成伟大的人生。或者说，通过有意义的行动，不仅能够实现人生的发展，还能展现人生的价值和意义。

积极进行有意义的行动可以帮助我们实现人生的理想和目标。我们要多进行有意义的行动，因为这样的行动是人生中最好的老师，它可以帮助我们积累宝贵的经验，实现自身的人生价值。我们可以在有意义的行动中增长自己的智慧，展现自己的才能，使人生不留任何遗憾和悔恨。

## 1. 只做对你重要的事情

生活总是变化的，有时我们过着紧张充实、目标明确的日子，有时我们又会过着得过且过、懒惰颓废的日子，还有时我们会过着压力十足、工作沉重的日子。在生活中，我们一会儿变成了有志青年，一会儿变成了“宅男宅女”，再一会儿又变成了别人眼中的“工作狂”。

很多时候，在面对这样的生活时，我们会陷入迷茫。我们会思考：究竟怎样行动才是富有意义的，究竟什么事才是最重要的。

其实，在探究这些问题之前，我们所应该做的是把所做的事情进行分类。我将它们大致分为三类：极其重要的事、并不重要的事以及完全不重要的事。我们越是能严格界定这三类事，就越是能分清什么对我们来说是重要的。当我们界定完这三类事之后，就能把精力集中在处理重要的事情上，同时也就能把更多的时间用在有意义的行动上。

那么，我们要如何从那些无关紧要的生活琐事中找出那些对我们真正重要的事情呢？我认为人们应该从以下几个方面进行自我问答：

**第一，十年后，你想要过怎样的生活？**当我们规划未来，制订计划之后，行动就有了方向。寄托了愿望的行动往往才是富有意义的。因此，我们不妨花一些时间，静下心来憧憬一下我们未来的生活。闭上眼睛，想象一下未来的画面，包括你在哪里，与哪些人在一起，担当了什么样的角色，是否快乐，等等。要认真思考，越具体，越有身临其境的感觉，越是能够说明你所想象的就是你真正想要的生活。

**第二，确定自己一生的追求是什么。**我从哪里来？要到哪里去？生活中多问一问自己类似这样的哲学问题，可以帮助你更加明确自己的目标和追求。对于已经来到这个世界上的我们来说，后一个问题似乎比前一个问题更加重要。我要到哪里去？这个问题涉及我前进的方向和目标等内容。如果你想到快乐那里去，那么你就去尽情地追求快乐；如果你想到理想那里去，那么你就去尽情地追求理想；如果你想到成功那里去，那么你就去尽情地追求成功。

一旦你认定了自己的人生使命，就能聚焦自己所要追求的真正目标。相应地，你就可以将更多的精力和时间分配在自己的人生使命上，做真正对自己有价值、有意义的事情。若你能为自己的使命而努力、而行动，那么你的行动便能富有意义了。

一些人可能陷入这样的误区，即他们认为自己的使命与现实中的工作没有任何联系。实际上，这种看法过于片面了。对于有些人来说，现实中的工作更多的是能为他们提供物质上的保障。而物质保障恰恰也是精神追求的前提。若没有这种保障，人们往往就无法支撑自己的梦想了。比如，若你能将平时的工作做得非常好，这样你的经济来源就有了保障，相应地，你在假期时就能去实现游览祖国大好河山的梦想；或者，你就能还清债务，然后去实现自己创业的梦想。也就是说，你完全可以将平时的工作当作你实现梦想的一个环节或步骤，这样一来，你就能变得更加自信，也更加富有动力。其中，更加深沉的原因还在于你已经将自己的工作和行动赋予了某种神圣的使命。由此可以看出，使命感能让你的行动变得积极和有意义起来。

**第三，在孤独和无聊中，什么才能让你兴奋起来？**对于日常生活中的大多数事情，我们都会表现得很平淡，在为它们采取行动时，不会有激动的情绪，更不会因一时冲动而为它们奋不顾身。然而，无论如何，总会有一些事情能吸引我们的注意，调动我们情绪。即使在孤独和无聊中，我们也会因为这些事情立刻变得神采奕奕起来。在遇到它们时，我们会心跳加速，莫名地产生激动和兴奋的情绪。为了它们，我们甚至会放弃眼前所做的事情，而无所顾忌地投入其中。若你能发现这样的事情，你就需要将它们牢牢记下，为它们采取行动。因为它们就是对你来说异常重要的事情。

**第四，你会忽略哪些事情？**我们的精力是有限的，用来做事的时间也是有限的。而用有限的精力和时间去做好每一件事情显然是不可能的。因此，我们就需要把更多的精力和时间分配给那些我们真正感兴趣、真正重要的事情。而这样做的前提是把那些不重要的事情统统忽略掉。

**第五，对你来说，哪些结果才是有意义的？**我们每完成一项工作，或每做完一件事情都会产生相应的结果。其实，这些结果本身并不重要，重要的是它们对我们有多大的意义。如果我们只是按照别人的指示行事，内心却是极度抗拒的，那么即使能取得一些成就，我们也不会感到满足和快乐。与其闷闷不乐地生活下去，不如勇敢地说出自己的想法，做对自己有意义的事情。我们不会满足于那些对我们来说毫无意义的结果，而这些结果却可能迎合了别人的心意。但我们必须知道，任何人都有为自己着想的权利，我们在奉献他人、为他人着想的同时，也要为自己做一些考虑。完全为他人而活的人是不可能获得幸福的。所以，如果一些事情对别人来说非常重要，但对我们自己却没有意义，那么我们就应该学会拒绝，勇敢地对那些无理的要求说“不”。

只做对你重要的事情，比如你爱好的事、感兴趣的事、擅长的事、对你来说有意义的事，等等。把时间和精力放在这些事情上，并积极采取行动，一方面适当照顾别人的想法，另一方面也要照顾自己的意见，令人满意的同时，活出自己的样子，这样你的一生都会在幸福快乐中度过。

## 2. 制订计划，让行动变得有节奏起来

世界上人人都能通过行动来谋求幸福美好的生活，但并不是所有的行动都能实现这一理想。同样是完成一件事情，有人能成功，也有人会失败。工作就像是一场场激烈的战斗，谁才能获得战斗的最后胜利呢？我认为只有那些在做事之前能做好准备、做好行动计划的人才能获得最后的胜利。因为做事有准备、有计划，在展开行动时才不会患得患失，而有备无患才能确保事情的圆满完成。因此，有准备、有计划的行动才是真正有意义的行动。

有时候，我们的计划不能只呈现在自己的脑海中，还应该呈现在实物之上，比如将我们的计划变成一本计划书。我们的大脑虽然拥有极强的计算能力和存储能力，但不可否认的是，它总会忘记一些东西。如果在关键的时刻，我们一时想不起我们计划中的关键部分，那么我们的行动很可能会失败。既然如此，我们在行动之前，为何不为自己制订一本行动计划书呢？我们完全可以在展开行动之前，将自己的定位、目标、方法、步骤等多项内容用白纸黑字的形式写出来，这样我们就能以一种全局的高度去把握、审视我们的整体计划。当计划清晰地呈现在白纸上时，我们就会获得某种信心与满足感，这些感觉将更有利于我们行动的实行，也更能确保我们的计划成功。

对于长远的行动计划，我们有必要制订一本行动计划书，比如

三年行动计划、五年行动计划等。而在日常生活中，我们所面对的更多的是一些必须做的工作。这时，我们完全可以将自己的工作计划制订成一个工作计划表。例如，我们可以将半天的工作按照优先顺序制订成一个工作计划表，在具体行动时，当一项工作完成后，我们就可以从计划表中将这项工作的内容划去，而对于那些无法及时完成的工作项目，就需要根据事情的轻重缓急，依序进行处理。我们制作的工作计划表可以使我们的工作变成一种顺畅的流程，这种流程化的行动可以帮助我们简洁有效地达成目标。因此，要使我们的行动更容易成功、工作做得更出色，以行动计划书或工作计划表的形式制订行动计划是必需的。

而在制订行动计划时，我们还需要注意以下几点内容：

**第一，我们不能纵容自身的惰性，以拖拉的态度去实行计划，而应将行动计划的最后期限定得“死”一点。**人是一种拥有惰性的动物，很多人拥有拖延的症结。因此，有些人总是会抱怨工作做不完，或者找借口将工作拖延到明天才去做。于是，他们就会陷入“明日复明日，明日何其多”的怪圈。今天的事情今天做完，明天的事情提前做好准备和计划，这才是我们该有的行动。在制订行动计划时，要根据事情的难易程度来给它制订一个合理的期限，并且一定要将这个期限定得严格一点，不容行动者有任何的机会去拖延和耽误。同时，行动者还需要注意的是，在按时完成行动计划的时候，给自己一定的奖励也是有必要的。比如，奖励自己吃一顿丰盛的晚餐、给自己买心仪的小礼物等。而当行动计划未在有限时期内完成时，行动者也应该给予自己一定的惩罚，比如限制自己的小欲望、停止食用美味的糕点等。这种奖惩制度的实行可以促使行动者愉快而坚定地执行计划，确保在有效期内成功完成计划。

**第二，行动者要分清行动任务的轻重缓急。**日常工作中，很多工作混杂、交织在一起，这就导致行动者的各种行动也变得错综复杂起来。有些行动可以作为一个目标的实现条件，有些目标也可能成为另一个目标的实现条件。总之，这些千头万绪、错综复杂的情况常常会使行动者感到头晕目眩，不知如何是好。每当这个时候，行动者需要做的不是马上行动，也不是制定另外的目标，而是厘清各种工作的头绪，将各项行动任务按照轻重缓急区分开来，先找到最急需解决的事情，再集中精力去解决它。在这一过程中，切记不能拖拉工作任务，或还未完成一项任务就慌忙去解决另一项任务。因为一旦这样做的话，不仅无法完美地解决每一项任务，还会使行动者的思绪变得混乱，这样一来，经过一定的时间后，行动者便会变得行动停滞、不知该怎么采取下一步行动。若能根据任务的轻重缓急一一展开行动，这样不仅可以节约时间，提高工作效率，还可以减轻行动者的压力，使行动者享受到战胜困难的乐趣。做事要主次分明，行动要分清轻重缓急，只有这样我们才能事半功倍。

**第三，行动者要拥有大局观，要着眼于全局工作，学会统筹全局。**很多情况下，人们需要合作完成一件事情。这时候，就需要行动者以统筹全局的眼光来采取自身的行动。在合作的过程中，要做到团结一致，将力量往一处使。行动者所采取的行动不一定是自己最希望做的或最喜欢做的，而应该是最适合于完成整个工作的。行动者还要认真分清团队人员的优势和劣势，根据各成员的优势和劣势来安排工作，做到扬长避短。在考虑问题的时候，行动者应该把要完成的事情和团队的利益放在第一位，而不是把自己的私利放在第一位。

**第四，行动者可以将工作进行细分，比如可以将其分成事务型和思考型或体力型和脑力型等。**对于那些事务型、体力型的工作，行动者不必花费过多的脑力和精力，只需要按照一定的流程实行下去，就能很好地完成行动任务。这方面的工作往往不怕被干扰和中断，因此相对来说比较适合体格健壮，不喜欢思考的行动者来完成。而对于思考型、脑力型的工作，就需要行动者善于思考。在进行思考型、脑力型工作时，行动者要集中精力，避免外界事物的干扰，做到一气呵成。对事务型、体力型的工作，行动者只需按部就班地去完成，行动的时间也可以灵活安排。而对思考型、脑力型的工作，行动者就需要集中精力去行动和思考，必要时，还需要行动者将不同阶段的思考成功记录和整理出来。

**第五，行动者要养成每天定时完成工作的好习惯。**有些工作需要集中处理，有些工作却可以分散处理。只要行动者能够每天都按时完成，就能获得意想不到的收获。无论是生活中必须做的那些事情，还是关于理想、成果与发展的一些事情，都需要以这种方式进行处理，即每天集中去处理那些预定好的事情，行动者可以将其分作一次或几次来完成，但在需要时必须做到精神高度集中，不能一边想着另外的事情，一边做这类事情。否则，其所带来的损失将会是不可估量的。

**第六，行动者在每一个阶段都要检查自己工作完成的进度。**如果行动者制订了一周的行动计划，他可以在每天结束时检查自己工作的完成情况，如果一天的任务没有完成，他就要考虑是否能在保证第二天任务完成的情况下，弥补第一天的任务。将一周的计划分别按照每天逐条罗列，然后放在醒目的地方时刻提醒自己，这样既能给予行动者一定的压力，又能随时提醒他下一步该做什么。

**第七，行动者要懂得总结工作计划，获取下次实行同类行动的经验。**总结行动经验时，并不一定要将其放在所有工作结束后才进行，可以每结束一个阶段就总结一次。总结行动经验的方法非常简单，它不需要行动者详细记录工作完成的情况，只需要行动者记下犯错的原因和成功的关键要素便可以了。有时候，行动者甚至只需要将本周未完成的计划直接抄写到下一周的行动计划中，留待下一周去完成便可以了。

行动一旦失去了准备和计划，就可能使我们偏离原来的目标。有准备、有计划的行动往往才是富有意义的行动，因为我们不会去准备和计划一些没有意义的事情。一旦进行准备和计划，就能将我们聚焦在行动的目标、具体的行动步骤上，这样一来，我们就能合理地安排自己的行动，避免行动中的盲目性。有准备、有计划的行动可以极大地增强我们的信心和主动性，使我们有条不紊、有的放矢地去工作。与此同时，制订计划可以给我们的工作树立一个考核标准，在一定程度上还能约束和督促我们。计划是行动的核心，它就像是行动的领导者，可以指导行动的方向，推动行动的实行，建立良好的工作秩序，大大提高我们的工作效率等。

但是，如果有人将制订计划只当成是给行动者的施压，那么他的思想未免有些狭隘了。与其说制订计划是一种自我施压方式，不如说它是给自己建立一个有序安排工作的机会。制订行动计划，不是要让我们在未完成计划时自暴自弃，徒增烦恼和压力，而是要让我们记住要尽量按照计划的安排展开行动和完成工作。良好的计划不仅可以给我们带来自信心，还能在完成每一阶段计划的同时，给我们带来极大的成就感。而当我们一点点完成计划时，我们的内心也将产生巨大的喜悦。

## 3. 让行动与理想“牵手”

人与动物都是地球上的生灵，两者既有相同点，又有不同点。

除了以能否制造工具和使用工具来区分以外，我们还可以根据他们的行为来区分。毫无疑问，人类之所以在一定程度上比动物优越，是因为他们所进行的行为大部分都是有意义的。

动物的一生更多的是为了追求生存，而人的一生则更多的是为了生活。生存是为了活着而活着，而生活除了包含这层意义以外，还有更多的意义，比如为了理想而活，为了实现人生的价值而活等。随着进化，人类的眼界越来越广，眼光越来越深远。在空间上，我们的眼光从陆地伸向了太空；在时间上，我们的眼光从现在转向了未来；在生命上，我们的眼光从关注自己转向了关注后代。我们所拥有的眼光是一种可穿越时空、看向未来的眼光，正是由于拥有这一眼光，我们的行动才能富有意义。

尽管为了现在的生活，我们会采取各种行动，付出极大的努力，但是，从某种意义上来说，我们这样做更多的是为了让未来的生活变得幸福美好。也就是说，我们不仅希望现在的生活是幸福美好的，还希望未来的生活也是幸福美好的。无论现在的生活是否幸福美好，几乎所有的人都会将幸福美好的生活寄托在未来。于是，我们现在的所有行动就被赋予了未来的意义。换言之，当我们的行动与理想“牵手”时，这些行动便富有了十分重要的意义。

人的未来是需要设计的，而实现理想是需要行动的。将未来的意义赋予现在的行动，则现在的行动便富有了意义。这种意义正是人们之所以活着的意义之一。在历史的进程中，人类早已超越了其他动物，因为我们的行动比其他动物的行动富有更多、更美好的意义。我们不会像动物那样自生自灭、逆来顺受，我们拥有许许多多的理想，愿意为了未来美好的生活去拼搏和追求。

对很多人来说，设计未来就是一项富有意义的活动。因为若我们能将未来设计得完美无缺，我们的实际行动就有了成功的保障；我们将未来设计得越好，我们的生命就能活得越出彩。

让行动与理想“牵手”，你的行动便承载了你的理想，包含了你那美好的未来。如果你还在犹豫和彷徨，还在探求什么才是有意义的行动，那么，此时此刻你不妨让你的行动与“理想”牵手，让你现在的行动拥有未来的意义，这样一来，你一切的行动便有了归宿，便有了意义的基础。若你这样做了，你将不会再迷茫，因为你的心中已经有了行动的目标。你会感到充实无比，幸福无比。每当你为了理想而行动时，你都会感到丰富的意义正在溢满你的心田；同时，你会感到更加满足，并获得更多的自信。既然如此，我们为何不让自己的行动与理想“牵手”，让行动拥有未来的意义呢？

虽然，我们可以通过让行动与理想“牵手”，使一切的行动都拥有未来的意义，但这是有前提条件的。而且，其前提条件还不止一种。在我看来，它至少包含以下三点：

**首先，你要确保自己现在的生活是有保障的。**如果你现在还没有独立生活的能力，每天都在思考生存的问题，或者即使你一天工作十几个小时还养不活自己，那么你就不会去考虑为了未来而行动。

**其次，你必须拥有面向未来的眼光。**一些人只会顾及眼前的美好，过着“今朝有酒今朝醉”的生活，却没有任何危机意识，不考虑现在的行为对自己未来的影响。他们将大部分时间用在享乐上，比如喝酒、打牌、聊天，等等。这样做，只能使生命随波逐流，养成骄奢淫逸的坏习惯。

**最后，你必须学会放弃。**要想实现理想，要想使未来变得幸福美好，往往需要付出一定的代价，有时，我们必须放弃眼前的一些享乐，努力进取，发愤图强，积极行动。甚至，在必要的时候，我们还需要在走向成功的路上忍受孤独，过着如苦行僧一样的生活。

*让行动与理想“牵手”，其含义就是让我们学会为了理想而行动。以理想为行动的目标，以未来为行动的方向，那么这样的行动就是我们所提倡的，也就是人们苦苦寻觅的有意义的行动。*

这样说，或许还不够明确，因为有些人可能会产生这样的想法：要让行动与理想“牵手”，那我们便完全不用在乎现在的幸福快乐，大可放弃现在生活中的乐趣，让自己忍受着苦不堪言的行动，去努力追求未来的幸福美好，这样每个人的行动都具有了意义。显然，这是一种过于片面的观点，它从根本上误解了我们所说的意思。

提倡让行动与理想“牵手”，并不意味着我们要为了未来而放弃现在的乐趣，也不意味着要牺牲现在的生活来实现内心的理想。人类是智慧的生物，我们总能将今天与明天结合起来，把现实与理想结合起来，把工作与兴趣结合起来，从而达到一种生活的平衡。而要做到这些，就需要我们合理地看待行动与理想的关系。行动是连接现实与理想的纽带，只有通过它，我们才能将现实变成理想。我们要让行动与理想“牵手”，其实就是让现实与理想“牵手”。这样做，除要具备一定的条件外，还要遵循一定的原则：

**一是做让你感兴趣的事情，或者通过努力，使其变得有趣的事情。**通俗地说，就是你要去做你喜欢做的事情。所谓理想，其实就是我们希望达成的、感兴趣的、喜欢做的事情。既然如此，我们在追求理想的道路上，所拥有的一时的孤独、苦难、抑郁等都只是为了更大的幸福快乐所做出的牺牲而已。若能这样想，在追求理想的道路上所采取的一切行动便不会扼杀我们现在生活的乐趣了。因为为了理想而行动的人，最终都是幸福的。

在第一个原则中，我们提倡人们去做自己喜欢做的事情，能为实现未来理想提供帮助的事情。例如，读书就是这样的一类事情。如果你喜欢读书，并经常付诸行动，那么这就说明你正在做一件有意义的事情。因为“开卷有益”，爱读书的人不仅能在读书的过程中获得一种享受，还能通过读书这一行为增长自己的知识和智慧，提高自己的眼界和格局。拥有了这些，他就可以更好地规划自己的未来，同时也就可以拥有更强的能力去实现自身的理想了。所以，从这一层面上来说，我们应该多读书，因为读书是有助于我们未来实现理想的事情，是一种有意义的行动。当然，并不是每一个人都爱读书。如果你不爱读书，你可以为了自己的理想尝试着去读书，或者培养读书的兴趣。或许，在一开始读书时，你忍受着某种痛苦与孤独，但是只要时间一长，你发现了读书的意义，发现读书能使你变得更智慧、更有能力，甚至可以帮助你实现理想时，你就会爱上读书。相比于读书，另一些活动则需要我们进行严格的控制，比如喝酒、打牌等，这些活动只能满足人们一时的快乐，并不能对实现理想有所帮助。若整日沉迷于这些活动，只能使我们在碌碌无为中虚度光阴。

**二是尽量使你现在做的事情能与你的未来成就挂钩。**有人感到学习的过程很辛苦，但是，我们同样也要明白，学习可以帮助我们提升自己，这有助于我们未来获得更大的成就。将一时的痛苦作为实现未来成就的代价，这样做是值得的，更何况经受苦难并不是毫无用处的。比如人们往往能从苦难中培养出坚韧不拔、永不放弃的精神，这反而从侧面成就了自己。就像是马拉松比赛一样，要想赢得比赛的胜利，收获成功的喜悦，运动员必须经历筋疲力尽的痛苦，但是当有人坚持下来后，他就会获得无与伦比的成就感，他的精神境界也能得到极大的升华。

让行动与理想“牵手”，赋予行动一种未来的意义，这不仅意味着我们要考虑活着的意义，考虑如何实现我们的理想，还意味着我们要考虑生命的延续，注重寻找生命的崇高精神领域。我们既要将眼光放在先辈们留下的宝贵精神遗产、物质遗产以及历史遗产之上，还要将眼光集中于生命意义的延续上。我们不能如同行尸走肉般活着，更不能像动物一样没有任何精神生活地活着。帮助他人、尊老爱幼、为了公益事业而努力奋斗……这些也都是有意义的行动。我们不仅要让行动与自己的理想“牵手”，还要让行动与别人的理想“牵手”。为了自己的理想而行动，这是一种明智的行为；为了他人的理想而行动，这便成了一种崇高的行为。这两种行为都是富有意义的。

## 4. 趁年轻，去做你想做的事

趁年轻，去做你想做的事吧！只为了充实你的内心，只为了实现一个丰富多彩、没有后悔的人生。在我看来，为你想做之事而采取的行动也是有意义的行动。

有多少人一直活在父母的羽翼下，像一个从未长大的孩子过着按部就班的生活？又有多少人正不满于当前的舒适区而试图寻找突破现状的方法？

人总要学会长大，不能总是满足于父母的庇佑，因此，在没有父母的帮助下，去做一些力所能及的事，你所有的行动便都会富有某种意义。当父母看到你的这些行动时，他们会微笑着对你说：“孩子，你长大了！”当别人看到你的行动时，他们会赞同地说：“你真是一个独立的好孩子。”当听到这些温暖的话语时，你就会感到自己的行动是有意义的，同时你也会因为这些行动获得满足感和成就感。

有些人学会了独立生活，但他们却不满足于自己当前舒适的生活，总想着去打破现状，去体验不一样的人生。实际上，尝试新的事物也是一种有意义的行动，但这一行动必须具备以下条件，即在进行这种行动时，既不会损害自身的利益，也不会损害他人的利益。举例来说，一个人一直生活得非常安逸，但一直重复这种安逸的生活，这不仅不能使他感到快乐，反而会麻痹他的精神世界，使他感到异常空虚。于是这个人便决定改变现有的安逸生活，去尝试一种更富有挑战的生活，为此他开始了一系列的行动。如果富有挑战的生活更能满足他的精神需求的话，那么对他来说，这些行动就是有意义的。但前提是，他所采取的行动不能对他自身造成伤害，也不能对他人造成伤害。否则，这种意义就会被冲淡。从更高的层面来说，其所损失的道德意义要远比其所获得的精神意义多得多。

每个人的心里都有一头不安于现状的“小兽”，而我们采取行动时，往往需要对这头“小兽”进行引导。如果这头“小兽”只是沉睡在时间的河流中，安于现状，放弃任何的活动，那么我们的人生就会变得黯然失色。有些人活着，但他们已经死了；有些人活了一辈子，却像是没有活过一样。我们想要什么，喜欢做什么，就勇敢地去追求什么，以这种心态采取的行动亦是有意义的行动。不要等到我们老了，无法活动了，再去幻想环游世界；也不要等一切已经结束后，再去幻想挽回一些什么；更不要等到错失了恋爱的最佳年龄，再去后悔当初没有进行爱的告白……

如果你不知道自己想要什么，也不知道自己想做什么，那么你所进行的只会是枯燥的、循规蹈矩的、机械一般的行动，绝非是富有意义的行动——因为你已经丧失了赋予行动以意义的信心和欲望。人活在世上不能没有丝毫追求，为了追求而采取的行动，即使最终换来的只是失败，它们也是富有意义的行动。因为毕竟在一定程度上，它们满足了你的心灵，并帮助你获得了成长。

每一个人都是独一无二的，一定存在着别人做起来异常困难而你做起来却毫不费力的事情，一定存在着某些你比别人做得好的事情，也一定存在着在别人看来异常痛苦而你做起来却异常快乐的事情。为发挥你的特长、挖掘你的潜能而进行的那些行动同样是富有意义的。

很多时候，我们自以为很了解自己，在面对眼前的困难时，我们的第一反应就是——我做不到。于是，我们便真的无法做到了。然而，我们并不知道那些困难有多么容易克服，也不知道我们错失了多少次成功的机会。其实，我们远不如想象的那样了解自己。有时候，只要我们敢于尝试，勇敢去做，我们就能做到。于是，我们也会自我感叹：原来我也可以！原来我也能做到！尝试去做你认为做不到的事情，这种行动的意义往往能感动我们自己。

有人喜欢走僻静幽深的小径，有人喜欢走阳光明媚的大道，每个人所要走的道路都是不同的。因为我们每个人都是独一无二的造物，并非一个模子里刻出来的娃娃。如果你喜欢读书，那就认真地读书；如果你爱好弹琴，那就心无旁骛地弹琴；如果你对绘画感兴趣，那就拿起你的画笔尽情地绘画。那些不用逼迫，我们也会去做的事情正是我们真正渴望的东西，为了我们真正渴望的东西所展开的行动，其意义将会是何等非凡呢？

认真聆听内心的召唤吧！不用等待，不用犹豫，趁年轻，去做你想做的事情！将你最喜欢做的事情做到极致，甚至把它变成别人的榜样，这样或许可以让眼高手低的人变少，让这个世界上“高不成低不就”的事情变得少一些。

每一个怀揣梦想的人都值得尊重，每一个努力拼搏的人都值得敬仰。去做那些能使我们每天都进步的事情，在遇到困难的时候，要学会坚持！每天都让自己进步一点，面对眼前的困难，没有千百遍的尝试，我们没有资格说放弃。为了自己的进步而行动，为了自己的梦想而行动，为了坚持而行动，这些行动必将成为我们的宝贵财富，因为它们都是我们成功的助力，它们的意义无与伦比。

时间对每个人都是公平的，它不会对谁手下留情，也不会偏袒任何一个人，当然，更不会亏待每一个用心的人。改变碌碌无为、枯燥、安逸的现状，去做你想做的事情，给自己打造一个不会后悔的人生吧！立即行动，趁年轻，去做你想做的事，还自己一个锦绣年华吧！既然我们如此执着于有意义的行动，那么，此刻，你还在等什么呢？

## 5. 什么才是富有意义的行为

无论在有意识还是在无意识的状态下，我们都有可能进行某些行为。于是，我们可以将行为分成这样两个类别，即有意识的行为和无意识的行为。什么是有意识的行为呢？简单理解就是，我们在开始进行某个行为之前，就已经在脑海中想到究竟要做什么的画面。这种画面其实就是我们前面所提到的“经过设计的活动”。有意识的行为也是这样的，即我们在展开这一行动时，我们一方面可能会对这种画面持续保持关注，另一方面可能会时不时地对它进行回忆。

有关行动的经验是十分复杂的，无论是有关正在发生的活动的经验、活动的各种注意过程，还是经过设计的活动的保持过程和再现过程都属于我们行动的经验。我们可以将有意识的行动看作一幅已经画好的地图，当我们开始行动的时候，只要按照这幅地图进行查找就可以了。如果我们的脑海中没有这幅地图，或者没有任何图画，那么我们所进行的行为就是一种无意识的行为。

同样，人们也会把自己的经验分成“有意识的”和“无意识的”。这种区分有一部分是合乎法则的，也有一部分是不符合法则的。例如，有部分学者称，我们的各种经验是存在于意识之外且与意识无关的，因此它们不会对我们的意识产生任何影响。但在我看来，这完全是一种谬论，因为我们的经验中本来就隐含着意识。如果在一种截然相反的意义上进行解释，人们可能将那些没有经过反思的经验当成无意识的经验。但是就其所包含的内容而言，我们所描述的关于有意识的经验与无意识的经验之间的区分显然是不同的。

我们之所以要论述有意识的经验与无意识的经验的区分，主要是为了更好地展现有意识的行为与无意识的行为之间的区分。我们说过，要通过将来完成时来设计我们的行动，而这种行动其实就是有意识的。

在我们的经验中，我们是如何与我们的行动“相遇”的呢？这里我们用三种情况来进行解答：

**在相遇时，我们的活动正处于“纯粹的设计”阶段。**设计活动需要拥有一定量的知识，这些知识必须具有一定程度的清晰性，即它必须在包含于完全含混不清到纤毫毕现之间。而我们需要记住的是，这里的知识所指的是有关活动的设计的知识，而不是有关活动本身的知识。在设计活动时，需要设置许多“空位”和“变量”，在行动实行的过程中，我们就会逐一填补这些“空位”，也会逐一给这些“变量”赋值。在这一过程中，每时每刻我们都能将自己的蓝图与我们进行的过程进行比较。对于我们设计的蓝图，我们所要做的是进行记忆；对于我们实际进行的过程，我们所要做的则是直接去体验。我们很容易说明如何去直接从当前的情况中获得经验，但很难说明对蓝图的记忆方面的内容，因为后者对我们的要求似乎要少得多。举例来说，我们之所以采取并开展一些行动，可能是出于一种清晰的行动计划。但随着计划的推进，行动的展开，我们可能会变得越来越迷茫，最后我们甚至解释不清自己究竟做过什么。

**行动的变化是无限的。**只有将行动当作一种已完成的过程或某一活动来静静审视的时候，我们才能意识到它。在设计的层面上，情况也是如此。因为我们是把那些被预期的行动当作某种活动通过将来完成时态来进行设计的。

**我们赋予行为的意义或许就存在我们对行为的意识之中。**通过上面的论述，我们以不同的方式来解释这一点。但是，我们必须承认这样一个主要观点，即行动的意义就是与之对应的活动。而这样说是有前提条件的。只有在我们把行动界定为取向预先制订的计划时才能这样来判定。

**另外，我们也可以从时间层面上对它进行分析。**这里的行动指的是那些尚未得到具体实施的行动，而活动所指的是那些已经完成了的活动。它们之间有什么区别呢？实际上，尚未发生的行动是被当作将来已经发生的对象来幻想的，或者说它是通过将来完成时态被当作已经进行过的东西来幻想的。这样正在发生的行动就会被当作一种反思性的、已经完成的活动来看待。从时间上来看，这样的活动是先于这样的行动而存在的。因此，这样的行动不断进行时，行动者的经验也会不断增加。

假设一个人正在对某种合理性的行动进行设计，他在长时间的设计过程中可以非常清晰地预期到他的各种中介性的目标，甚至是最终目标。对于这样的人来说，毋庸置疑的一点是：这个人对其计划的态度与对已经完成的行为的态度必然是不同的。不管这种行动是否是按照计划进行的，情况都不会改变。

随着时间的流逝，万事万物都会发生变化，这正是它们之间不同的原因。同理，一个行动的意义会因为其所处于的时间点的不同而不同。或者说，人们在不同的时间点看待同一个行为，其所感受到的这种行为的意义是不同的。因此，单纯地谈论赋予一个行动的被预期的意义与科学研究的原则是不相符的。“行为的被预期的意义”是一个变化的函数，我们必须在时间的索引下，才能赋予其真正的意义。

## 6. 世界上那些有趣的行为

**韦伯认为，要想理解社会学，就需要理解和解释社会行为。**那么什么是社会行为呢？社会行为是一种被活动个体赋予了主观意义的行为。在进行社会行为时，个体会考虑或参照其他人的行为，并且在进程中趋向这种行为。如果我们想让自己的行为涵盖全部人类的行为，就需要我们在活动过程中把某种主观意义赋予自己的行动。在这种层面上，行动可以呈现出多种意义状态，它可以是公开的，也可以是内在的；它既可以由一些积极的干预所组成，也可以由一些有意识的禁止所组成。当然，社会行为也可能在人们的默许中进行。

对进行活动的人来说，他的行动都是富有意义的。富有意义的行动与单纯的行为显然也是由于这一点才区别开来的。抛开那些社会参照，那些具有目的性或目标性的行为也必定是有意义的。例如，我将钢笔浸入墨水的行动和打开书本进行阅读的行动都是富有意义的活动。这是一种初始性的意义概念，现在我们将它引申到社会领域，运用于社会行为之上，这样我们可以很容易发现，这些行为实际上是建立在他人的行为基础之上的。

社会行为的不同之处正是在于这样两个方面：一是它必定具有某种主观意义，二是它必定以其他人的行为为基础。这就意味着社会学家所要处理的行为处于一个不同的意义层次。在没有社会参与成分的前提下，个体同样也可以按照富有意义的方式进行活动。如果个体参与到社会关系之中，他的行为就会呈现出新的意义。他的行为会以另外一个人为焦点，并且是以另一个人的存在为预设前提的。韦伯认为，如果一个人的行为只是与另一个人发生单纯的接触，那么他的行为就不能被称为社会行为。人与人之间的接触并不一定都具有社会特征。而要使人们的行为富有社会特征的条件在于，该种行为必须以富有意义的方式取向其他人的行为。例如，两个人在骑自行车时发生了单纯的碰撞，我们可以将这件事说成一个自然事件。但是，在两者发生碰撞之后，他们为了避免争吵和暴力而进行的一番友好协商的举动就是名副其实的社会行为。

**韦伯认为，那些想要参与社会行动的人必须做到两点才能达到他们的目的。**首先他们需要意识到他人的存在，然后还必须意识到他人的行为，同时对这种行为的意义进行有效的解释。我们必须明确这样的两种经验，即“这是一个可以作为搭档的人”的经验以及“我看到了别人进行的活动，而我也想做出相应的活动”的经验。显而易见的是，这是两种完全不同的经验。这两种经验所从属的意义领域是截然不同的。韦伯曾经对“他人”这一概念进行过相关的评论，他提出：对于行动者而言，其他人可能是某一个人，也可能是某种模糊不清的复数。对于个体来说，这是完全无法认识的。某个行动者之所以会接受“货币”这一交易工具，是因为他将自己的行动取向了以下预期，即在其他场合，其他人也会在交易过程中接受这样的交易工具。

站在这个层面上，可以看出，行动者并没有从论题的角度来把握“这是一个可以作为搭档的人”的这一命题。他只会按照他的社会经验来接受这一判断，并认为这是理所当然的。如果从论题的角度出发来获取发展的意义，我们就能看到这里是对其他人行为的指涉，而且这些其他人都只不过是含糊其词的说法，我们不知道它所指的是一个人还是一些人，更不会知道它的名字是什么。

社会行为必须取向其他人的行为，并且其意义结构都必然能被社会行动者所理解。这也就意味着行动者能够理解其他人的行为。关于社会行为的研究还存在一些较大的领域，我们还没有进行涉及，其中包括以下三个领域：

第一，社会行动者会把某种意义赋予其行动，这种说法具体的意思是什么？

第二，我们要通过什么样的方式来给定他人的自我以某种意义？

第三，一个人是通过怎样的方式来理解其他人的行为的？

这些问题说明了社会世界的层次是由我们与其他人的日常行为构造而成的，而社会世界中的各种意义也是通过这些行为才得以确立和解释的。

社会行为是富有意义的，那么是否存在着没有意义的行为呢？在日常生活中，我们经常会听到类似这样的话语“这样做是徒劳的、没有意义的”，这些话语间接地预示着，我们确实相信世界上存在着一些没有意义的行为。对于此类现象，我们可以引申出这样两个问题，即所谓的有意义的行为要如何界定呢？我们要如何才能在日常生活中将它与没有意义的行为区分开来呢？

诚然，如果将这两个问题研究透彻，好处必定是非凡的。它们的答案会对我们的生活提供较大的帮助，让我们趋向于富有意义的行为，而远离没有意义的行为，从而就能在这个复杂的世界上获得有意义的生活。富有意义的行为与没有意义的行为之间是存在分界线的，但是这个分界线不是一成不变的，而是不断起伏变化的。韦伯在相关研究中将情绪性行为当作这两种类型行为的分界线，并对其进行了必要的解释：

在确定我们未来的取向行为时，纯粹的情绪性行为并非没有意义，它同样也可以被认为是“富有意义的行为”。当然纯粹的情绪性行为是出于富有意义的行为与没有意义的行为的分界线上的。而这个分界线是动态的，它有时会倾向于富有意义的行为，有时又会倾向于没有意义的行为。如果说纯粹的情绪性行为是属于富有意义的行为，那么有时它也会像一个顽皮的孩子，偶尔也会跨越这种分界线。

例如，当一个人受到了某种异常的刺激，情绪失控时，其行为就会失去主体的控制，而其接下来所做出的行为便可能丧失意义。而另一种情况则截然相反，我们同样从情绪角度出发，去观察一个人因为异常紧张而做出的行为。当我们确定好这些行为时，我们便会自觉地发问：这个人在紧张时所做出的行为是否具有意义呢？这个答案可能是肯定的。也就是说，人们在异常紧张时所做出的行为并不一定都是毫无意义的，恰恰是其所做出的这些行为缓解了他的紧张情绪，进而促使他接下来做出了更优秀的表现。从这个层面上来说，我们又如何能说在紧张情绪下，其所做出的行为是毫无意义的呢？所以，我们从中看到了一种情绪性行为的升华。同样是情绪失控，当我们的思想朝着理性化过程前进的时候，那些所谓的无意义行为便成了富有意义的了。

正是由于超越了自觉性行为的各种界限，我们才能如此清晰地将情绪性行为与没有意义的情绪性行为对照起来。在这里，我们理应已经明白，情绪性行为包含了没有意义的情绪性行为。在我们的生活中，还存在着一些以合理性方式选择的、具有价值和意义的行动。情绪性行为与这些行动相比拥有着某些共同之处。

情绪性行为的意义在于它的存在开创了一种特殊的行动类型。我们不必去过分探究这种行为未来所导致的结果，因为这并不是它的意义所在。情绪性行为的形式有很多，比如由于复仇的冲动而采取的行为，为了满足感官的愉悦而采取的行为、为了献身某人或某种理想而采取的行为、为了排除紧张情绪而采取的行为等。无论那些冲动的行为看起来是多么崇高抑或卑劣，它们都是属于有意义的行为。

无论是情绪性行为，还是合理选择的、具有价值的行为都已经达到了富有意义的行为的外部界线。但是它们并不是我们所能找到的唯一行为类型。除了它们之外，我们还能发现一种更为特殊的行为类型，这种类型我们称之为经验性行为。经验性行为又是什么样子的呢？其实，相比于前两种类型的行为，我们对经验性行为应该更为熟悉才对。因为我们几乎每天都在重复着它们。这些行为类型的意义与某些主观意义相一致，它们可能是某一个个体反复进行的行为，也可以是许多个体同时进行的行为。我们也可以用“习惯”“习惯法”来描述这类行为。

在经验性行为中，还存在着一种特殊的行为，这种行为被称作“传统行为”。韦伯认为传统行为与那些富有意义并确定取向的行为十分接近。但是，有时传统行为也会出现与之相反的情况。因为这种行为的出现方式有些特别，它经常会随着人们对习惯性刺激的自发性反应出现。而这种习惯性的刺激会将这种行为引入不断重复的过程。

诚然，将行动概念界定为富有意义的行为是有些含混不清的。在谈论富有意义的行为时，韦伯首先考虑的是那些需要鉴定的行为是否为合理性的行为。同时，他还要鉴定这些行为是否是出于不连续的目的而行使的行为。韦伯将这种行为作为行动的原型，并以此来构建富有意义的行为模型。这种行动的目的论在韦伯构建的富有意义的行为的模型中随处可见，而其也符合理解的社会学的立场。

我们站在合理性的角度将行为区分成不同的类型，从而形成了有意图的行为、有价值取向的行为、情感性行为以及传统行为等。而确定这些行为的类别是有一定的预设前提的，也就是我们必须在判断某种行为属于何种类型之前，认定这种行为的意义与它的动机是完全一致的。

我在一天中所做的一切行动，不管是我自己独立进行的还是在别人的陪伴下完成的，当我在思考这些行动的意义的时候，无疑只会得到这样的结论：我的大部分行动都具有自发性。与得出“我的行动绝大部分都是有意义的”这样的结论相比，此种结论显得更为可靠。就我一天中所做的一切行动而言，我发现很多行动都毫无意义可言，即使存在着些许的意义，那种意义也是含混不清的。然而，不可否认的是，判断行动是否有意义以及把握行动意义的清晰程度完全是两码事。

但是，如果严格来说，我完全可以用一些事实来证明：我一天中的绝大部分行动都是有意义的。当我抛开那些世俗的经验，单独地看待这些行动时，如果我能怀着特别注意的方式来考虑它们，它们便是富有意义的。因为在这种方式下，我会看到那些行动所蕴含的某种潜在意义。因此，我们不能在宏观的视角上来判断行动是否富有意义，也不能为了区分行动和单纯的反应行为而故意引入富有意义的标准，这样的做法是不正确的。

## 7. 行动者把某种意义赋予了自己的行动

为了弄清社会的本质是什么，我们必须将有关社会的行动作为我们研究的第一对象。而我们工作的第一步就是对"行动者把某种意义赋予了自己的行动"做出必要的分析。在这个分析过程中，我们提到了两个重要概念，分别是主观意义和客观意义的概念。现在，我们要回到研究的正轨上来，首先对"行动"这一概念做一个具体的解释。

我们所说的行动是哪种行动呢？在这里，它具有两种解释：首先，它可以被当作一种已经被制造完全的单位，或者当作一件已经完成的产品来看待。这样的行动是已经被构造出来的活动，我们需要以某种客观性来考虑它。其次，我们还可以将这种行动看作一种正在构造的活动，它处于正在形成的过程中。它就像流动不断的水流，更像是某种不断进行的事件系列。严格来说，它是一个不断生产、不断完成的过程。我认为以上关于行动的解释足以涵盖人类的所有行动，不管是我的行动，还是他人的行动都必然包含在其中。

以我自身为例。如果我现在正在去完成一件事情或一件工作，那么我所进行的行动本身将如何呈现呢？我想它一定是作为迄今为止我自身现存的一系列经验而不断呈现的。而我的那些现存的经验必定不是我的所有经验，因为我所有的经验既包括那些现存的经验，又包括那些消逝的经验。我的经验始终是处于不断生成和不断消逝的过程之中的。

如果一个人具有伟大的理想并愿意为自己的理想付诸行动的话，那么他的那些计划就是在安排他所预期的那些行动。这些被预期的行动在不久的将来会作为这个人的经验呈现出来。而要实现这一点，就需要保证这个人一定会在未来采用并进行这些行动。但是，就像很多理想难以实现一样，我们很多计划中的行动尽管被我们预期并安排好了，但在那不确定的未来中，这些行动必然会有一部分是无法实行的。显然，这部分不能实行的行动便无法通过我们的经验来呈现了。对那些未来要实行的行动以及无法实行的行动我们已经做出了一定的解释，而在生活中我们那些已经完成的行动要如何呈现呢？对于现在的我们来说，这个问题似乎更有价值。因为无论是过去还是未来，总是比不过现在来得实际和有价值。世界上最有价值的事情难道不是把握当下吗？如果我们对现在熟视无睹，那么还有什么资本去谈论未来呢？

诚然，我们现在完成的那些行动，正是我们经验的新鲜血液，它必定会以更为清晰的姿态呈现在我们成长的过程中。从时间的角度可以将我们的行动分成这样的三类，即已经完成的行动，正在进行的行动以及未来将要执行的行动。这三类行动刚好对应了过去、现在和未来这三种时间分类。我认为，我们行动的意义都呈现在不同时间段的经验之中。我正在进行的行动的意义将通过我的意识经验呈现出来。我的已经完成的行动的意义将以那些过去的、记忆深处的经验呈现出来，而我的那些尚未实行的行动的意义将作为我未来的经验而呈现出来。

我们按照这样的分类，可以将正处于构成过程中的意义内容与已经被构造出来的意义内容区分开来，也能够将正在进行中的行动和已经完成的活动区分开来。

当我们在研究一个人的时候，既要看到一个人过去的活动，也要看到一个人现在的行动。并且，我们要清楚地将他的行动和活动这两个不同的概念区分开来。他人的那些用以构造行动的意识经常是作为外部世界的一系列事件呈现在我们眼前的。这一系列的事件一般包含两个部分，我们既可以将其看作这个人身体上的各种运动，也可以将其看作其身体运动所导致的外部世界的各种变化。但不管怎样，我们都会利用这个人的意识经验来对这些运动和变化进行解释，因为它们都是由其意识经验表现出来的产物。要判断这个人的意识经验所表达的是他的行动还是活动，完全取决于我们关注的焦点是什么。如果我们关注的是这个人在我们面前的行为举止，那么其意识经验所要表达的就是他的行动；如果我们关注的是这个人行为举止所产生的客观变化，那么其意识经验所要表达的就是他的活动。

由此我们可以发现，所谓的活动，其实是一种早已被确定下来的东西。我们在研究它时，不需要涉及活动的主体，也不需要考虑主体的各种经验的情况。虽然在这些活动中必定包含着某些行动，但这并不意味着我们在讨论这种活动时就一定要参照那些行动。例如，我们在描述一场盛大的慈善晚会时，只需要说明它是一种慈善活动便足以说明问题，而不需要再将其中诸如歌舞表演、主持节目等行动进行说明了。

与活动不同的是，行动总是与主体紧密联系着。在研究行动时，我们总是会首先找出该行动的主体再进行研究。研究活动时，其主体可以是匿名的，我们可以在不涉及其主体的情况下就给出研究的答案。但在研究行动时，我们总是会考虑行动者的个体意识本身的经验，或者是考虑其他人的个体意识构成的经验。

在我们研究自我意识中意义的形态结构的时候，我们可以清晰地发现客观意义和主观意义之间那些根深蒂固的差异。所谓的意义是可以从外在现象追溯到内在时间意识上去的，或者是直接回溯到延绵上去的，因为意义最初正是从这两者之中被构造出来的。我们完全可以通过分析行动和活动这两个概念来证实这一点。行动与活动的区别就在于，活动是超越了时间和延绵的已完成状态，而行动则是一直伴随着时间而发生的，它必须产生于内在时间意识之中，也必然产生于延绵之中。

而行动者将意义赋予其行动又是什么意思呢？我们在研究这个问题之前，还需要弄清楚这样一个问题：我们已经解释清楚活动与行动的区别，那么在这里，行动者将要赋予其意义的究竟是行动还是活动呢？换言之，行动者要赋予意义的对象是延绵之中的意识过程，还是那些已经完成的行为呢？

这里需要说明的是，一种意义被赋予某种活动其实是以一种隐喻的方式来谈论的。同时我们还需要明确：行动并不能用来表示某个方面发生的物理事件或身体运动。马克斯·韦伯认为，所谓的意义并不是由被讨论的个体以既定且和谐的方式赋予其身体运动的某种东西。韦伯所进行界定的行动涵盖了那些富有意义的行为或活动。

对此，我们绝不能认为所有的行为只要不是行动便丧失了意义。对韦伯来说，有一点是显而易见的，即一般意义上的那些行为或许没有什么特殊的意义，但是与其对立的行动则具有某种特殊的意义。

对于行动与行为这组概念，我们应该如何来界定和区分呢？我认为区分它们的方式所显现出来的第一特征是这样的，即行动是自愿的，而产生行为的那种自发的本性并非自愿的本性，而是与其相对立的本性。简言之，就是行动是行动者在自愿状态下实行的，而行为却不一定如此。行为之中蕴含着某种选择的意味，它可能是自愿的，也可能是被迫的。

如果将行动界定为富有意义的行为，那么这种行为的意义就在于选择和决策之中，在于没有被迫按照某种方式执行行动的自由之中。也就是说，若某种行动是一种富有意义的行为，那么就取决于这种行为是否是通过“自由选择”而实行的。

行动与行为的第二种差异在于，行动是有意识的行为，而行为则是一种无意识的行为，或者说其是一种反应性的行为。我们说行为是有意义的或没有意义的，也许就是在说某种行为是有意识的或是无意识的。而我们通过这种意识所认识的东西其实就是行动者自我展示出来的行为的真理。一个人的行为如何被他自己所知呢？或者具体一些来提问：一个人怎样通过特定的方式来认知他自身的行为呢？我们知道，按照时间划分，一个人的行为可以包括过去的行为、现在的行为以及未来的行为。那么这个人在认知和理解这些行为时，是否也存在着不同的给定性的方式或给定性的时态呢？其实，这是一个异常复杂的问题，它需要通过严格分析富有意义的行为才能彻底澄清。

我之所以这样概括，是希望说明，如果我们想要理解富有意义的行为这一概念，就需要对赋予行为以意义的这种构造过程进行分析。简言之，我们想要理解富有意义的行为，就要体验赋予行动以意义的过程和结构。进一步来说，我们需要从在某种行为还未被赋予意义之前就对其进行研究。对于这种原始行为的体验必定与其他的体验有所不同，因为它是由自我的某种活动为预设前提的。自我需要不断地采取某种态度或立场才能在一系列的活动中将这种原始行为的意义确立起来。

不过，我可以把那些并不涉及活动的经验当成意义产生的原因。这种经验的意义是具有预设前提的，即我在自己所有的经验中，对它产生了足够的关注和兴趣，并把它从这些经验中挑选了出来。无论何时，自我在绵延之中都会意识到其本身的各种存在，比如它可以意识到自己的身体状态、情感状态，也可以意识到它的各种感觉、各种感知以及各种可表明自身态度的行为。这些内容构成了自我意识生活之所以会存在的原因。我们从这些经验中，挑选出某种经验，并声称它是富有意义的。而之所以说它是富有意义的，是因为在先于它而存在的、和它一起存在的以及晚于它而存在的许许多多的经验之中，我们唯独注意和挑选了它，并且将它与其他经验清楚地区分了开来。我们把这种被挑选出来的经验称为“不连续的”经验，并且将某种意义赋予它，这样我们就界定了“意义”最原初的意思。

## 8. 改变世界的最佳方式

人人都希望发展进步，但发展进步是有秘诀的。在我看来，发展进步的秘诀是善于行动。也许你想干一番大事业，也许你想做一个能自给自足的自由职业者，总之，你可以把你的渴望全部变成美好的想象。但是，这样做又有什么用呢？这些幻想只会让你无法看清现实，或者在让你看清现实之后变得更加失望。

总是沉浸在幻想之中是丝毫没有意义的，它只会让你忘记行动，只会用一堵无形的虚拟的墙将你挡在现实世界之外。如果你下定决心去做一件事情，那就大胆地着手干吧！不要再考虑将计划往后推迟一段时间，也不要总是停留在思考的层面。

如果你正在行动，并已经开始着手对你来说很重要的事情，那么你应该为自己的明智感到庆幸，须知只有行动才能改变世界，而你已经成功掌握了行动的法门。如果你对我前面的话感同身受，并意识到自己似乎已经松懈了很久，那么不妨思考一下究竟什么才能帮助我们改变这个复杂的世界。

面对这个复杂的世界，如何才能使它变成我们心中理想的世界呢？我认为，立即行动是最好的方式。

假如我现在生活在一个满是垃圾的房间里，对我来说，这个脏乱不堪的房间就是我的全部世界，那么在这样的世界里，疾病找到了我，压抑和困惑围绕着我，我越来越讨厌眼前的世界。渐渐地，我开始向往美好的、洁净的世界，但始终都停留在幻想之中。

人类在做喜欢做的事情之前，或者说在改变这个世界之前，总是喜欢想一想。当然，想一想是无可厚非的。但是，如果我们思考和想象的时间过了头，往往会让事情变得更糟，比如我的房间会变得更脏乱，我的疾病会变得更严重。没有人可以阻止你的思想，因此你可以自由、尽情地想象，但是光想是无法改变现实的，它只会让你与现实的距离远来越远，以至于无法触碰到现实世界。只想不做是不能改变世界的，致力于单纯的思考只会让人原地踏步、停滞不前。这时，人就会变成一个木讷的雕塑，或许这个雕塑摆出了思考者的姿态，但他哪儿都去不了。

既然你不满意眼前脏乱的“世界”，那不妨立即行动，把“世界”里的“垃圾”统统清扫出去。或许这个过程十分辛苦，但最终的结果却是实实在在的。当周围的一切都变得一尘不染的时候，你的世界便完成了改变。也许到了那时，你的身体也在立即行动中得到良好的锻炼，你的“疾病”也随之一去不复返了呢？

所以，立即行动要优于单纯的思考。

倘若我们每天都重复做一件事情，那么它很快就会成为我们的一种习惯；同样，若我们只思考而不行动，则想得过多也会变成我们的一种习惯。事实上，这是一个坏习惯，它不能使你进步，反而会抑制你的行动。想得过多只会令你陷入混乱，失去所有的作为。因此，抛弃多余的想象，让自己清醒过来，立即行动吧！否则，你将永远在原地踏步，永远不会开始改变世界。因此，过多地思考是一个坏习惯，用行动才能改变世界。

不要瞧不起别人现在开始行动，因为那要优于你的永远不行动。在这个复杂的世界中，我们常常能看到类似这样的现象：有些人看到别人开始行动，就会拿他与早已行动的人做比较，认为开始行动的人与早已行动的人相差甚远，即使开始行动的人再如何努力也达不到早已行动之人的高度，于是，讽刺和嘲笑就会接踵而至。但这些人不曾想到：开始行动总会出成绩，也总会有收获，这是量变向质变发展的必经之路。开始行动总要优于永远不行动。他们只侧重于调侃现在才开始行动的无力和望尘莫及，却没有想到自己永远不行动的悲哀和可怜。

很多人都有梦想，你是否也有梦想呢？如果有的话，你的梦想是从什么时候开始的？你准备实现你的梦想了吗？

梦想是指引我们行动的明灯，但只拥有梦想而不采取行动，我们依然不能到达远方，也看不到新世界的风景。梦想是需要实现过程的，而实现梦想的过程就是行动的过程，缺少了这一过程，梦想只是幻想，永远也不能变成现实。

若你拥有改变世界的梦想，就理应进行改变世界的行动，否则，你的世界将不会改变。既然如此，你为何还迟迟不肯行动呢？或许这是因为你对行动心存恐惧。追求完美是人们实现梦想、争取成功过程中的普遍心理。由于害怕行动会产生不完美的结果，所以我们才会对行动心生恐惧。正是因为你害怕被拒绝，害怕失败，害怕受到指责，害怕丢脸，害怕经济损失，害怕缺少支持，害怕没有发展或事情没有像自己想象的那样发展……害怕一切不完美的东西，所以你选择了不行动。

是时候摆脱你的恐惧心理了，从现在开始就克服你对行动的恐惧。你要明白这样一个道理：你所担心的永远没有你所想象的那样糟糕。若你有改变世界的雄心壮志，就不应该拥有瞻前顾后、畏首畏尾的心理。

过分分析得失会在无形中给自己施加压力，不断消耗你自己的精力；过分担心和忧虑只会使你的思维混乱，变得更加迟钝和愚蠢。很多时候，我们想得太过夸张了，现实情况并不一定会那样糟糕。你应该清楚什么才是你应该做的。与其胡思乱想让自己坐立不安，不如分析一下你当时能够做的。当你计划开车去远方时，你只需要点火、挂挡、开动机器，而不必用脑袋想象这些。立即行动是你改变世界、实现梦想的唯一捷径，而拖延只会使你一事无成。

在实现梦想的过程中，有简单的事情，也有复杂的事情。而拖延只会让简单的事情变得复杂，使复杂的事情变得更加难以处理。立即行动是人人可行的，而且是十分简单的。同样，拖延对人们来说也是很容易做到的。但事实上，相比于拖延，立即行动会给我们带来更多可能和更多有利的东西。既然立即行动和拖延都是简单、容易的，那么为何我们不选择那个既简单、容易，又对我们更有利的选项呢？

拖延只会在很多方面阻碍我们的发展进步。想得多不如做得多。一味地想象要去做多少事情，总是拖延着不去行动，其结果必定是想着想着就习惯了，拖着拖着就习惯拖延了。拖延是个坏习惯，它会侵蚀到我们生活的方方面面，让所有的一切都停止运转。假如你认为某件事情很简单，决定缓一缓再行动，这就像是你为自己埋下了一颗拖延的种子，它会慢慢生根发芽。结果你不仅会在简单的事情上拖延，还会在复杂的事情上变本加厉地拖延。这就是拖延的连锁反应。拒绝拖延，立即行动才是你改变世界的能动力。不用担心你迈出的步子太小，因为只要你开始迈步，事情便成功了一半。就这样保持下去，或更加努力地使你行动的步子迈得更大，那么你终能到达你想到达的地方。

既然行动了，便不要为你的行动感到后悔。你应该为你没有做过的事情感到后悔，而不是为自己做过的事情感到后悔。事实上，后悔做过的事情与后悔从未做过的事情是两个概念，给人的感觉也不同，两者包含的意义是相差甚远的。从一定程度上来说，后悔没有做过的事情远比后悔做过的事情要使人愧疚和悔恨得多，特别是对那些我们较为执着的事情。

如果把通过行动完成目标的过程比作射击的过程，那么我们只需要做到准备、瞄准和开火。在这些步骤中，准备和瞄准是重要的，但开火更加重要。倘若只把时间用在准备和瞄准上，而从不开火，那么我们便不可能捕获我们所需要的。充分考虑我们想要做的事情并没有脱离思维的范畴，还未达到开始行动的程度。按照准备、瞄准和开火的步骤进行实际行动，改变世界将成为可能。不用犹豫，现在就开火，即使你第一枪没有击中目标，你也可以边做边调整，最后在不断地矫正中命中“红心”。

不要担心在行动中犯错误，因为那至少比你什么都不做强。事实上，人们在行动过程中犯错误是在所难免的，几乎没有人行动不会出错。世界上只有不干事情的人才不会犯错误，但实际上没有人愿意什么事情都不干。没有人喜欢犯错误，但不犯错误是不可能的，因为没有人可以完美无缺到不犯错误的程度。

立即行动才能改变世界。打破自己的局限，你便不会后悔。犯了错误不可怕，可怕的是你连犯错的机会都不给自己。犯错是有意义的，至少它能让你更加明确成功的方向。从错误中可以吸取教训、积累经验，这样我们便能在下一次的行动中避免犯相同的错误，从而勇往直前地奔向成功的彼岸。从被你拖延很久的事情开始，立即行动起来吧！这样，改变世界才会成为可能。

# 第三章

# 有经历的人生才是完美的人生

人生经验是一笔宝贵的财富。而获得这笔财富的方式，通常有这样两种：一是通过实践来获得经验，二是通过自我总结来得到经验。我们可以从日常生活中提取经验，将我们的成就完整地保留下来，这样做不仅有助于激励我们前行，还能帮助我们借鉴性地绕过许多障碍。一旦在人生的道路上遇到类似问题，我们就可以通过这些经验去予以解决。简言之，经验能给我们以启示，使我们少走弯路。

积累经验有助于我们培养思维逻辑性和语言表达能力，同时还能帮助我们增长知识和智慧。拥有了丰富的人生经验，我们不仅可以进行自我修正，还可以帮助别人。经验是生活的必需品，更是成功的必要条件。优秀的经验能使我们更快地成功，更容易获得成就感和满足感。有了经验，我们做事就能胸有成竹，从而更加自信地走向成功。所以，了解有关经验的一切是尤为必要的。

## 1. 我们完美地利用经验，才能更好地适应环境

要在这个复杂的世界上生存下来，就需要不断提高与环境的匹配度。而要想与环境相匹配，主要的方式有两种：适应环境和改变环境。这里的改变环境契合了人们经常所说的“改变世界”。喜欢按规律办事的人偏向于适应环境，性格强势的人试图改变环境。然而，经常试图改变环境却可能给我们带来某些副作用，比如它会使我们的适应力变弱。这一点显而易见，强者一旦失去霸主地位很容易一蹶不振。

相比于改变环境，人们选择更多的是适应环境。那么我们要如何实践适应环境这条路呢？我认为要适应环境，就需要进行经验学习。这是适应环境最便宜、最有效的方法。适应环境有利于我们的生存和发展，而通过经验学习就能更好地适应环境。从这个逻辑中可以推出，经验对我们生存和发展的重要性。事实也是如此，比如经验可以使人掌握知识，获得智慧；根据经验，人们可以更迅速地找到应对生存和发展的方法和手段。经验的种种作用显示了它们的重要，在没有经验的生活中，人们将寸步难行。

但是，仅凭经验行事也存在着许多问题。因为经验本身存在着局限性，个人的经验掺杂了个人的意愿和感受，它是非客观的，若利用个人经验进行选择和判断难免会存在纰漏。经验是一位好老师，但其水平有限，不能帮我们解决所有问题。在某些情况下，我们更需要用超越经验的学习能力，去透过现象看现实，不能只局限于表面的经验。

我认为经验学习包括两种类型，一种是低智能的经验学习，另一种是高智能的经验学习。低智能的经验学习包括三种：

**第一是试误。**顾名思义，试误就是试验错误，或者把错误试验出来。例如，一个问题有两个答案，一个是正确的，另一个是错误的，对此，我们就可以通过测试出那个错误的答案，来判断剩余的答案是正确的。

**第二是模仿。**所谓模仿，就是按照别人的样子行事，复制别人的成功。比如当我们遇到某种解决不了的问题时，就可以模仿别人在处理同类事情时的方法来解决。

**第三是天择。**天择，就是自然选择。比如在自然选择下，一种动物生存了下来，另一种动物从此灭亡，我们就能从这种自然选择中学到类似这样的经验，即那种生存下来的动物要比灭亡的动物更具适应性。

低智能的经验学习主要是复制别人的知识和经验，从而使自己获得成功。

而高智能的经验学习也包括三种，包括讲故事、建立模型和创造理论。人们可以通过这三种方法来阐述事物的因果关系，从而达到经验学习的目的。毫无疑问，高智能和低智能的经验学习都是对经验的利用。日常生活中，人们更喜欢利用高智能解释来阐述一些现象，但这只是人们一厢情愿的想法。很多时候，人们对一些现象的高智能解释与低智能解释是差不多的，它们的解释性虽然很好，但是预测性却差强人意。

在高智能的经验学习中，“故事”与“模型”的使用具有三种价值，包括真理价值、正义价值以及美学价值。人们常常会对追求真理异常执着，无论是在日常聊天中，还是在较为严肃的学术讨论中，人们总喜欢把“追求真理”“以真理为目标”等挂在嘴边。其实，人们之所以会使用“故事”和“模型”，往往不是为了实现寻求真理的目标，而是寻求他们眼中的“正义”。我们可以将这种“正义”理解成一种“共识”。也就是说，人们想用“故事”和“模型”来说服自己或别人，从而达成一种统一的“共识”，而这种“共识”就是人们眼中的“真理”。

从某种程度上来说，“讲好故事”往往比“建立真理的模型”“掌握真理”等更加重要，因为前者会更适用于人类社会的需要。举例来说，一定程度上，人类之所以伟大，是因为他们形成了“国家”“民族”等概念，正是这些形成的概念使他们突破了动物群体数量的限制。或者说，正是有了这些概念，人类群体才与动物群体有了本质性的区别。而“国家”“民族”等概念不是靠着“建立真理的模型”才形成的，而是靠着一些古老的“神话”，或者说靠着人类的想象才形成的。而“神话”中的东西与想象的东西往往都是以“故事”的形式呈现出来的。

新事物都是从旧事物中生成的，而新经验总是以旧经验为基础的。关于新事物的生成机制，我们应该注意一些较为重要的问题。通过经验学习可以提升个人的适应能力，这一点无可争议。但是，我们也需要清楚，经验学习也会对新事物的产生起到抑制作用。举例来说，我们对一件事物的经验越丰富，就越会在考虑这一事物时形成固定的思维模式。这就意味着我们难以对这一事物加以改进和创新了。然而，人类的生存和发展又要求我们追求创新，于是我们就在经验学习和追求创新之间形成了矛盾。

人们所追求的真理，往往都来自人们的经验。于是，人们很容易就会陷入这样的错误，即把经验当成真理。例如，当一件事情发生的概率很小时，我们就会凭借自己的经验，习惯性地称它不会发生、不可能发生，或者难以发生。但是，事实却并非如此。例如，在投掷硬币这一随机事件中，硬币呈现正、反面的概率都是二分之一。而当我们在投掷数次硬币都得到正面后，我们就会根据前面的经验去猜测下一次硬币还会呈现正面。这就是经验的局限性。实际上，只要我们重复投掷硬币的次数足够多，就能发现正面的发生的概率趋近于二分之一。

由此我们可以得出这样的结论：当样本足够大时，表面可能性无论多小的事情也会发生。生活中的一些事情虽然发生的概率很小，但却不等于 0，在足够多的重复之后，可以说，这些事情是必然会发生的，只不过，我们无法预测它们的时间和地点而已。

我们习惯于根据经验学习，也习惯于根据经验来选择和判断。正是因为经验的作用，我们才会对那些极其稀有的事件缺乏判断力，低估它们发生的可能性。如果这些事件是正面的，那么只需要愉快地接受它们给我们带来的惊喜；假如它们是负面事件，我们就会因为低估它们发生的概率而丧失风险意识。具体来说，因为一些负面事件的概率极小，所以我们会低估这一事件的发生频率，从而就会无所顾忌地复制增加这类事件发生可能性的行动，当样本足够大时，这类负面事件发生的可能性就会增加。

我们不能否认经验学习给我们带来的便利与好处，但同时我们也要看到经验所具有的局限性。只有这样，我们才能完美地利用经验，才能更好地适应环境，也才能获得更好的生存和发展的机会。

## 2. 行为不是凭空而来的，而是由一系列经验构成的

有些人会把“我们的行为”与“我们的经验”混为一谈，但严格意义上来说，它们是完全不同的两个概念。如何区分它们呢？我们可以从行为这一词语的普通用法中找到问题的答案。

例如，一般来说，我们不能视疼痛为一种行为。再如，一个人将我的胳膊提起来，然后放下它使其自由地落下去。对于这一过程，不能说我在进行某种行为。在这两种情况中，真正存在的行为是什么呢？其实，我对这两种情况所采取的态度是可以被称之为行为的。在我感到疼痛时，我可能会与疼痛作斗争，我不仅会极力抑制这种疼痛，而且总是试图让这种疼痛屈服于我。当别人摆弄我的胳膊时，我可能会顺从，也可能会抵制，我的顺从或抵制其实也是一种行为。虽然这两个例子中的行为是不同的，但是它们却是相互联系的体验类型。我们可以将第一种体验类型当成某种纯粹的“经历”或“忍受”。它们所具有的共同特质在于它们都是在被动状态下发生的。如果将他人摆弄我的胳膊视作一种痛苦，那么第二种类型的体验就是由我的一些态度组成的，并且这些态度是针对第一种类型的体验。

德国哲学家胡塞尔认为，行为是一种“意识赋予意义的经验”。他在研究“有关思想的界定特征”时表明，就思想的本性来说，并不是所有的经验都是富有意义的。对于那些被动性的经验、联想的经验、意识性的经验等，我们都是无法把意义赋予它们的。而那些所谓的富有意义的经验，要么是某种自我活动（也可以说是具有态度的活动），要么是对这种活动的修正。

胡塞尔认为，人们只要能将各种感受及其对各种价值观念的构造过程考虑在内，那么他们就可以将这种具有态度的活动界定为具有生成能力的活动。无论这种价值观念被视作目的还是手段，其结果都不会改变。胡塞尔所使用的“富有意义的意识经验”，其实是一种涵盖了意象性与自发性或者次级修正形式的经验。这里我们所提到的“修正”是什么意思呢？事实上，这里的修正过程主要有两个，分别是保持和再现。下面是胡塞尔对它们的描述：

在我们那些具有自发性的活动中，会突然产生一些新的东西。这些活动在其进行的过程中要如何发挥作用呢？可以说，在任何一个时刻，它们都是作为一种原初的感觉而发挥作用的。同时，这些活动又是按照主体的意识而逐渐变淡的。这种具有自发性的意识构造出了某种具有变化过程的对象，或者我们也可以将其所构造的东西完全视作一种过程。从这种描述中我们就可以看出，这种对象或过程必定是不会持续存在的，它必定会随着时间的推移，沉没在过去之中。

无论原初的对象性的活动何时存在，通过保持自身的连续性，原初的行动都会转变成一种次级的形式。而且，这是一种被动的形式，它已经不再是活动了。我们可以给它起一个新的称谓，即一种“次级感官性”的形式。在同一性的不断综合下，这种被动的意识将会变成与同一个东西相关的意识，而这里的这个东西是由主动的原始性所构成的。

判断也是一类行动。从最开始，或者是其所采取的各种形式的任何一个阶段，它都是一种仅仅涉及非现实的对象的一种行动。我们的各种理想都是可以设想的目标、目的和手段，因为它们都是由我们的意识构造而出的。但是，它们并不是因为意识的那种原始的创新性生产过程才变成这样的。这些被设想的目标、目的和手段都是在意识原始的创新性生产过程中以一种自发性的活动形式而存在，以及被认识的。

我们说行为是一种通过自发性的活动而被赋予意义的意识经验。在这样的设想中，行动和行为就构成了一个子类。从行为的进行的方向上来看，自发性活动可以被看作一种使发挥创造性作用的对象获得给定的方式。或者说，人们将这种自发性的活动当作一种原初的活动来觉察。

这种觉察是一种原始性的印象，它在保持的过程中会和其他的各种印象一样经历常见的“消逝过程”。我们可以将活动视为一种经验。这种经验随着时间一点一滴积累起来。我们只有站在这种经验产生后的某一个时间点上，才能对其进行反思。而这个反思过程必定会涉及保持过程或回忆过程。回忆过程常发生于某种单纯的理解过程之中，在某些阶段进行的重构过程中也能发现它的身影。无论怎样，在我们反思的过程中，那些与自发性活动相关的、原初的意向性都被保留了下来。

由此我们可以总结出这样一种行为理论，即一个人实际发生的行为其实是一种前现象的经验。我们以往的那些行为都作为经验被我们积累了下来，只有新行为发生的时候，它才会以某种不连续的姿态独立存在，而那些与之相关的经验才能从行动者众多的经验中突出表现出来。所以，现象性的经验并不具备新行为的性质，而只具备已完成的行为的性质。

在另一种意义上，我们原初的那些经验其实一直没有改变，它们依旧保持着最初发生时的那个样子。过去的经验是我们经验的一部分，它是由我们过去的那些采取应有态度的活动构成的。尽管我们会把它当作某种过去的东西来看待，但依然改变不了它作为我们经验的事实。

我们的经验还包括那些已经流逝的经验，这些已经流逝的经验只是曾经存在过，而现在，它已经消失得无影无踪了。但正是因为我们曾经感受和经历过它的存在，所以我们才会对它存在着模糊的印象。我们不知道它具体是什么，但我们知道它曾经对我们来说确实存在着重要的价值。

从那些流逝的经验中可以看出，在我们的意识流中，存在着某种根本性的统一性，这种统一性在于绵延的流失是持续不断的。

那种有关原初的被动性的经验同样属于我们的经验。我们可以站在回顾的角度来把握它的存在。如何来辨别和区分个体的行为呢？大多数情况下，我们可以根据自身的经验来对其进行区分。比如我们完全可以根据过去相关的那些行为来判断现在的行为，因为我们现在的行为中包含了过去行为的影子。也就是说，我们在很大程度上是根据过去的行为来实行现在的行为的。这就是经验所发挥的作用。

由此可见，我们的行为不是凭空而来的，而是由一系列经验构成的。这些经验来自我们以往的经历、反思以及自发性的意向等。它们与我们的其他经验是有所区分的。我们可以将行为当作某种经验来看待，具体来说，就是将行为看作当初产生它们的活动的经验。经验的意义就在于，它们可以被当作行为的解释性框架。所以，我们的行为只有在已经过去和已经完成的前提下才能具有意义。因此，我认为某种活动的预设经验是不具备意义的，只有那些可用以反思的经验，或者说通过自发性的活动形式所觉察到的经验才是具有意义的。

## 3. 预期的意义并不是一种孤立存在的体验

要探讨预期意义的根源，首先必须承认我们的意识生活是以各种形态存在的这个事实。预期的意义并不是一种孤立存在的体验，如果意识一直以延绵流的形式存在，那么我们就不会产生不连续的体验。那么不连续的体验在何时才会出现呢？我认为，当我们进行注意性的反思的时候，不连续的体验才会出现。但是生活中这样的时刻毕竟很少，因此在意识的延绵流中，我们随处可见的是连续的经验，而不是不连续的经验。无论我们的体验有多少种，它们都会作为我们自我的体验紧密地联系在一起。在更高级的层次上，这种初始的统一体还能得到补充。而补充它的是另一种统一体，这种统一体往往可以由人们的反思表现出来。我们可以通过反思，分析出这些体验的意义。因此这里所说的另一种统一体就是意义的统一体。如何理解这里的反思呢？只要稍加思考，我们就能体会反思的含义，事实上，它只不过是一类把意识从前一种现象拉到后一种现象上的活动而已。

在我们的经验中，除了以上两种统一体之外，其实还存在着一个更高阶段的统一体。在统一体的这一更高阶段，意识会将各种分别存在的活动集成一种高级的综合。之后，我们的意识就会将这种综合看成一种“对象”。在这种集成的过程中，那些曾经作为多型性的、受到多种关注的成分就会变成单一的、只受到一种关注的成分。这样就形成了某种意义状态，或者说意义脉络。我们可以对意义脉络这一概念进行以下界定：只有当我们将处于某种意义脉络中的体验 $A_1$，$A_2$，$A_3$……$A_n$ 按照某种不连续的步骤获得经历时，它们才会变成某种更高级的综合。这种综合指挥引来单型性的注意，它是各种对象形成的统一。

我们看到这种综合的整体性的同时，也会清晰地记下各种意义的形态、低级的经验形态以及延绵本身的形态之间的区别。需要强调的是，综合性意义的形态都是由基本的注意活动创造出来的意义所构成的。

通过某种意向性的活动，我们将某种计划概括表达出来，这其实就是一种设计的过程。一种计划被设计出来后，我们又会为了实现它而不断付诸行动。最后的结果，我们将获得一种成功的活动，这种活动也就是一种已经完成的行为。这种活动其实就是一种意义脉络。因为在它的进行过程中，我们所有的意向性活动和各种行动都得到了统一。由此可见，通过一些个体性的活动，我们就可以构建出各种更加高级、更加复杂的意义脉络了。

这种结论具有普适性，其适用范围之大远远超乎我们的想象。人类迄今为止所具有的与这个世界相关的经验是如何积累起来的呢？可以说，这些经验是人类通过建立一些多型性活动而逐渐积累起来的。在这些多型性活动被建立起来之后，我们就会自觉地将这些活动进一步综合起来。当我们进行全新的活动时，就会应用到这些综合，并把它们当作已被经验的成分来思考。然而，事情的发展并非就此结束，此后我们又会将它变成单一注意的对象或经过统一的对象。这种过程不仅对于外部经验适用，同时对于内在经验也十分适用。我们从已有的经验出发，将那些已被经验的成分进行融合和再构造，这样一来，那些经验的对象也会随着这一过程的进行而被构造出来了。

从本质上来说，我们的经验是不同经历的综合，也是个体经验特点的展示体。经验对象的本身是从概括和暗示的构造过程中来获得其意义的。但是，由于其中自我表达的过程也可以得到实现，所以经验对象的意义不是一成不变的，而是不断变化的。

借助于各种多型性活动，我们可以把不同经验的综合放在一起进行理解，也可以使它们与更高级的秩序建立联系。只要记住这一点，我们就可以把经验的脉络界定为集中的各意义形态的内容，也可以将其界定为更加高级的意义脉络。那些消逝的经验尽管已经在各阶段通过许多种意向性活动得以存在，我还是会以单一的注意方式来看待它。这样，我们全部经验的总体性内容就会在经验的总体性脉络里被集中在一起，并获得相互协调。需要说明的是，这种总体性的经验脉络在不同阶段可能是不同的，因为一旦有新的体验加入，它就会变得越来越大。因此已经积累起来的经验就像是一颗拥有引力的星球一样，拥有着一个不断增长的内核。这个不断增长的内核是由经验的现实对象和经验的观念对象共同构成的，这些对象的来源也很奇特，它们都是通过各种多型综合的意向性活动被构造出来的。而且，这种由内核聚集并存储的对象是理所当然存在的。

我们很难去留意那些以前的意识活动的产物，更不会去了解它们经历了哪些复杂的构造过程。而当我们对它们做出选择时，才可能注意到这些产物的有关方面。实际上，这些意识产物的构造过程是不受注意的、处于低级意识层次之上的，而由它们所产生的经验的总体性脉络都是在既定的时刻通过更高一级对象组成的。至于这些对象，也不是在它们被构建的情况下被单一理解的。

我们的经验储备一般都是以被动的方式保存下来的，而经验的内容是在以前由意向性活动产生的。任何一种作为单一注意对象而存在的内容都可以被重新激活，在激活之后，它们又马上会恢复其主动性的存在方式并重新发挥作用。因此，我们意识中各种已完成的判断不会以不断进行的评判过程得以呈现，而是会以一种可以恢复到主动状态的观念性对象得以呈现。

当我们关注意识的这些被动过程，同时关注意义的这些被动侧面时，我们就能发现一个自由创造的过程。在这样的过程中，我们又能进一步发现一些新的范畴结构。无论对所有的判断来说还是对所有的行为和行动来说，这一点都是适用的。实际上，判断本身就是一种行动，是内在活动所具有的各种产物。

自发性活动的产物可以被构造成一些重复的活动，而这种性质便是自发性活动产物所具有的特征之一。如果我们能将那些被重提的活动的产物与过去的产物等同起来，那么就构成了一种新的意义脉络。这是一种被承认的综合。

我们现有的知识储备只限于那些实际存在的经验以及对已构造对象的储备。我们只会利用这些知识储备来表示对各种经验的被动拥有，同时用来表示对这些经验重构过程的排除。

我们的意识中会重新突现出什么或者重新构造出什么，这完全取决于自我对知识储备的注意活动。从某种意义上来说，这种东西必须讲究实效，这样它才能被最终确定下来，我们可以把经验的总体性脉络界定为自我的所有注意活动的内容。在意识生活的任意时刻，自我都能把注意活动指向那些已经流逝的体验，这些体验包括对各种活动的注意性修正过程。

由一种体验获得的经验，以及对这一体验展开的注意活动的独特样式，其实就是在总体性经验脉络中对这种体验进行的安排过程。我们也可以用另一种方式来阐述这一点，即一种体验被预期的意义其实就是自我根据新体验的观点对这种体验进行的解释。

## 4. 每一种行动都会伴随着相应的动机

在这个世界上，每一种行动都会伴随着相应的动机。“动机”一词可以做两方面的解释：一种是行动的目的，另一种是行动的原因。行动的目的是指这种行动针对未来事件的取向，行动的原因是指行动与某种过去的体验相联系。

如果你拥有理想或未来志向，那么你的行动自然就会在潜移默化中指向你的理想或未来志向。假如你对理想足够渴望，你就会刻意地去设计你的行动。我们会通过将来完成时来幻想我们的理想以及设计我们的行动。换言之，在现实中没有完成的事情，我们在设计的幻想中便已经完成了。一个人的行动会通过这个人自身的理想形成统一。这种行动的统一正是由行动者对行动设计构造出来的。对于一个有理想的人来说，他的行动的统一程度取决于其计划行动的明确程度。如果他对自己的理想不明确，那么他的行动也会变得不明确；而如果他的行动能够保持高度的一致，那就说明他确实具有不得不完成的理想或志向。

如果我想与住在附近的朋友聊天，那么我就可能采取以下的行动，即我会从椅子上站起来，然后穿过房间，进入门厅，接着走下台阶，走向我附近朋友的住所。假设我刚出房门，就遇到了一位邻居，他问我要去干什么。也就是说，他想知道我走出房子的意义是什么。对于邻居的提问，我的回答是：我要去拜访居住在附近的朋友。我想知道他在不在家，最近又在干些什么。在这里，我所描述的一系列行动都是出于这样的动机，即我想去拜访我附近的朋友。或者说我所进行的一系列行动都是针对要拜访朋友的设计。我行动的最终目标是想与朋友聊天，因此我所进行的一系列其他活动都是针对这个最终目标而设计的中介性目标。现在，我利用将来完成时态在脑海中设计出了拜访朋友的计划，同时也想象出了与朋友一起愉快地聊天的画面。因此，对我来说，为了这种目标而进行的一系列行动就具有了某种意义。

将行动者的动机当作他的期望来解释，动机所形成的脉络就是意义脉络。对一个行动者来说，他所进行的那些行动都是对某种活动的设计，这些行动的地位正是出于其动机所形成的意义脉络之中。换言之，行动者的目的动机是通过完成时态设计出来的行动取向。

以某个自然事件为例，比如我正在给朋友打电话。在这里，我所进行的拨号过程就会触发一系列直接面向我目标的电子机械方面的事件。在这种情况下，我们视为在这些事件中所运用的那些物理定律都是理所当然的。在这一系列事件发生时，我始终都在期待着这些事件的运行可以立刻发挥作用。这一系列的过程共同构成了我给朋友打电话的整个过程。但是我并没有为了给朋友打电话而对这一过程进行设计和规划，我甚至从始至终都没有考虑过。事实上，我所设计的只是打通电话的画面而已。我所要做的也只是将我的目的按照将来完成时态设计出来而已。也就是说，我没有过多考虑其他的东西，就已经开始操作了。

对于那些给朋友打过电话的人来说，他们之中只有很少一部分人可能懂得打电话时所发生的那些物理过程。而对大多数普通人来说，他们只注重结果，因此其他一系列过程都是不重要的。或者说，这些过程在他们的眼中都是理所当然的。他们从自己的经验中可以获知，当他们拨出一个号码时，另一个房间中的电话就会响起。他们之所以将这一过程视为理所当然的，是因为他们凭借自身的经验“了解”这种因果联系。打电话所需经历的那些物理过程只是他们经验的组成部分之一而已。

我们正是利用了这些因果关系，才开展了这些行动过程。而在这些过程中，由于电话用法的不同、电话使用者的不同，其所产生的整体运行环境也会有所不同。对于一个电话维修工来说，他想得更多的是如何将损坏的电话恢复成正常状态，而很少会去关心该不该给朋友打电话。为了使电话恢复常态，电话维修工必须掌握一些工具的用法。而当他利用其他工具将电话修好之后，我们就可以把这部修好的电话当作通信工具来使用了。

在上面的论述中，我们将物理过程当作了有效的方法来使用，而这种做法同样也适用于社会的各个领域。为了实现我们的目的，我们也可以借助别人的行为来使用。当别人有意帮助我们时，我们应该报以感谢。当别人无意帮助我们时，我们也可以在不伤及他人利益、不触犯法律和道德的情况下，借助别人的行动来达到自己的目的。

由此可见，那些被我们设计的、富有意义的行动都只不过是我们达到目的的手段而已。在这种行动所富有的意义脉络之中，我们通过将来完成时态设想而出的那些活动，虽然在我们的现实生活中还未实现，但在我们的幻想中已经得到实现，而我们接下来为之设计的行动，都是为了争取将那些幻想实现罢了。因此，当别人询问我的动机时，我就会直接以我的目的来回答。尽管我知道这一目的还没有实现，我也会依然如此回答。而我的目的源自我的预期，它是被幻想出来的。正是因为这些目的只是构想出来的东西，所以它们能否在未来实现仍然是不确定的事情。如果我们一直处于这种设计或幻想的过程而不立即行动的话，那么无论我们幻想得多么美好，它们仍然只是幻想，是永远也不可能成为现实的。可以说，我们的目的是一种尚未得到具体化的设计，它隶属于我们的未来志向，因此只有有待于未来才能真正表现出来。

## 5. 完美的解释依靠经验的选择

我们的某种体验一旦受到关注，各种经验图式就会承担起某种特殊的任务，并且这种特殊的任务是与这种体验的特殊意义的构造过程相关的。鉴于这一点，当自我在将来的某个时间点阐述其所经历的内容时，对自我来说，这些图式都是至关重要的。这是一种富有特殊意义的活动，我们称之为“自我阐述”，它是一种对处于总体性的经验形态之中的体验进行的安排过程。只有通过某种认识的综合，我们才能完成这种安排过程。我们的认知接受了这种分类的体验，它会将这种分类体验引申到现有的经验图式上去，同时对它的本质加以确定。这样，这种体验就会被带到我们的经验储备中，并与那些客观化的过程形成统一。这种客观化过程包容体验的过程并非一种意向性活动，而是以两种相反的方向进行其意向性参照的活动。我们可以通过分析某种感知来证明这种双重的方向性。实际上，在我们回顾往事的时候，感知和认识，注意和包容都只需要一个步骤便可完成。

我们所说的安排过程可以通过不同的方式来进行。这种安排过程不仅可以在理性活动和感性活动中发生，还可以在意志活动中发生。它既可以在创造性思维中发生，也可以在逐步解决问题的步骤中发生；它既可以在模糊的习惯性活动中发生，也可以在清晰的认识活动中发生。这些不同安排类型的经验图式都是存在并可以被我们所认识的。

我们正在试图对体验进行某种解释。在这个解释过程中，我们应用了各种经验图式，运用了各种综合性认识，而这一切都只是为了对我们体验的安排过程进行解释。由此我们可以得到解释的相关定义，所谓的解释就是用已知之物来说明未知之物，就是将因注意而领悟的对象与以往的经验图式进行参照，从而用经验来说明它的过程。一个人在解释他的体验过程时，他的经验图式就会发挥特殊的功能，他会利用那些已经完成的现有的意义形态，通过人们所知道的形式呈现出他的体验过程。而其中所利用的经验图式都是由已经进行过的组织材料构成的。人们要想解释自己的体验，就需要在这些体验发生时参照他的经验图式。因此，我们可以将各种经验图式看作各种解释图式。我们会通过某种概念系统来解释某种概念，自然也就会利用经验系统来解释我们的体验。

但是还有一些体验是独特的，我们不能用以上方法对其进行解释。我们的一些体验是不能通过注意而得到理解的，而这是由它们的固有特性决定的。显然对于这些体验，通过对它们进行安排，进而赋予它们某种特殊的意义，这种方式是行不通的。为什么呢？在我看来，原因不止一种：首先，是由于这些体验之间所具有的亲密性，也就是说这种亲密性影响了我们对它们的安排及赋予意义的过程，它们的亲密性拒绝我们的安排，所以我们无法对其进行解释。其次，从根本上来说，这种体验只局限于意识流的某个单一的时刻，这就意味着我们无法找出这种体验的本质与核心，继而也就无法判别出它们的类型。

有时候，我们会产生某种“第一次”的体验，这种体验确实是崭新的、未曾被我们经历的。而我们之所以会产生这样的感觉是有前提条件的，即我们必须参照和回顾现有的经验图式，并确认这种体验确实不在我们的经验图式之中。我们无法将一种体验与我们现有的经验图式相联系，那么这种体验自然就是“第一次”的体验。

我们第一次的体验会让我们对已有经验图式的有效性提出质疑，如果通过事实我们能够证明一种现象是无法说明的，那么这就意味着我们的解释图式失去了效用，它一定在某个解释的环节出现了问题。

当我们必须对一种既定的体验进行说明的时候，我们要如何从诸多可利用的解释图式中选出一种最完美的解释图式呢？或者说，如何从众多的解释图式中选择最可靠的解释图式呢？选择完美的解释图式有什么标准呢？在解释一种体验时，我们所选择的那种解释图式并不是从一开始就是显而易见的对象，更不可能是某种独一无二的对象。因为我们无法做出这样的设定。实际上，我们不可能利用解释图式把每一种体验都解释得很清楚。

任何一种体验都可以在不减损其意向性的情况下，对解释其意向性保持开放状态。这种解释所利用的解释图式始终都具有某种特定的时间标志。不管是对综合性认识还是对反思性觉察来说，情况都是如此。日常生活中，我们需要对那些必要的图式进行选择，而我们的选择取决于在特定时间发挥作用的注意修正过程。这些注意修正对象不仅包括我们的各种体验，也包括我们过去所积累的各种经验。我们的那些体验在开始进行时就已经决定了它的解释图式，所以我们在选择这些解释图式的时候必须从这些体验本身出发，根据那些预设好的东西做出最完美的选择。

人们的注意活动是自我的一种自由活动。从这种活动中，我们可以选择自己的体验，也可以选择用以思考的那些问题。我们选择了某个问题，必定会有这样选择的理由。可以从这些理由中探寻使我们进行这样选择的意义和兴趣是什么。

人生中我们除了要根据自己的兴趣，或是根据某种特殊的意义来对我们的那些活动进行自由的选择之外，还要对我们的逻辑方式进行选择。这里主要涉及两个领域的选择：形式逻辑领域和先验逻辑领域。当我们把解释图式当作某种体验材料进行思考时，就意味着我们是将它当作形式逻辑的理想对象来加以考虑的。而当我们将解释图式当作特定时间的特定东西来考虑时，就意味着我们是根据它的发生和构造过程来进行考虑的。而这就是按照先验逻辑来对它进行的讨论。如果我们能牢记这种区分，那么有关解释图式的选择问题就会变得异常清晰了。

## 6. 不同的修正过程也就是注意的各种不同方式

从原初的意义上，我们如何来界定“意义”这一概念呢？或者说，站在原初的角度上，如何理解所谓的“意义”呢？我们的思想会对空间—时间世界中的各种对象进行考虑，而我们的生活是不断绵延的。这两种经验是否富有意义呢？在我们的思想与生活之间存在着一种张力，这种张力就富有至关重要的意义。但是，如果说各种经验都是富有意义的，那你一定是完全误解了我的意思。实际上，所谓的意义并不存在于我们的经验之中。然而，我们却可以说那些通过反思而获得的经验是富有意义的。这又是为什么呢？

具体来说，意义其实就是自我用来关注自己经验的方式。意义存在于自我所具有的态度之中，存在于针对其意识流的那个已经成为过去的组成部分的态度之中，同时也存在于针对它那“已经流逝的”绵延的态度之中。我还可以提供更加准确的解释。我认为，自我在注视其经验时会因这一动作而使其经验变得富有意义。在这里，倘若我们所指的是一种不连续但清晰可辨的经验，那么我们就可以认为“经验 Q 是富有意义的”与“经验 Q 正在受到注视”两者是意义相同的描述。但是，我们所有的经验并不都是富有意义的。我们的很多经验都处在前现象的阶段，它们并没有得到过任何的反思。无论我们的经验会不会变成我们反思的对象，只要我们具有延绵和内在时间的意识，我们都可以产生各种经验。

从本质上来说，我们的所有经验都是实际存在的，同时也都是属于前现象的，它们共同构成了我们的各种体验的总和。而我们所有经验的这些性质并不会因为我们是否对它们做过反思而改变。一些人可能认为行动者的体验之所以会富有意义，是因为他们从这些体验中获得了经验，或者说他们从这些体验中获得了宝贵的经历。但我认为这样的说法是完全错误的。因为这样的观点一方面会消除处于绵延内部的鲜活的经验，另一方面也会消除生活和思想之间的张力。但是，这种经验的反思之间的张力是所有有关经验的讨论所预设的东西。

在一些人看来，富有意义的状态要么从属于体验本身，要么从属于纯粹的延绵之流的事实。这样的看法也是我们应该拒斥的。一个人所进行的活动都是针对他自己的延绵流的活动，我们可以将这样的活动看作一束光线，这束光线不仅可以照亮延绵流已流逝的诸个体性阶段，同时也因此而使它们变得富有意义。

由此可见，在延绵的生活之中，我们并没有过多地运用意义概念。使自我生存的各种认识活动以及使自我得以延续的场所，都不会被针对延绵流的活动所影响。因此，它们都不是富有意义的。相反，鲜活的自我所具有的现在才是一切希望的开始。

任何一种行动都有其独特的意义，这种意义是独一无二的，是其他所有行动都不具有的。这是一种预期的意义，也是一种特定的意义。如何在意识流中构造出这种意义呢？它又是如何从一般意义中被推导出来的呢？同一种经验在退隐到过去之中后，其意义又是如何发生变化的呢？

我们提到过这样一个概念，即注意活动。注意活动可以理解为我们对自身经验的凝视。这种注意活动本身可能会经历各种各样的修正过程。而在这些修正过程中，这种注意活动可能是很难区分开来的。我们也可以将这种修正过程称为“注意的修正过程”或者“对注意的转化过程”。不同的修正过程也就是注意的各种不同方式，正是它们构成了各种经验的意义。

# 第四章

# 所有的理想都值得被尊重

所谓未来志向，通俗地说就是理想。我们会在人生的道路上追求许许多多个目标，而理想就是我们所追求的最大的目标，或者说，理想是所有目标的目的。人人都应该拥有理想，因为人人都有想得到的东西，人人都有想要完成的事情，这是人类本性所决定的。我们向往什么，想要追求什么，就会在行动时倾向于什么，这就是理想形成的原因。理想显示了我们的追求，而追求显示了人活着的意义。人生在于追求，没有追求的人生必定是碌碌无为的人生，注定是没有意义和价值的人生。没有人希望拥有这样的人生，所以无论大小，人们或多或少都会拥有一定的追求。而拥有追求就意味着拥有理想，也就意味着拥有未来志向。

理想是一种信念，它拥有非凡的意义。比如它可以给人指引方向，激励人发展和进步，增强信心，突出自我价值，等等。所以要想成为一个有价值的人，首先应该为自己树立一个理想。理想不是越多越好，拥有一个真正的理想便能照亮我们的人生。只有学会探索理想的意义，研究理想的方法，树立科学的理想，才能改变我们的命运，成就我们的未来。

## 1. 我们的行动指向未来

通常来说，行动是有意识的和自愿的，而行为是反应性的和包含各种反应成分的。这便是行动与行为较为简单的区分方式。但如果从未来志向的角度上对两者进行区分，它们的区别就会显得更为明显。

首先，需要说明的是，任何一种行动都是自发性的，也就是说人们在采取行动时都必然是自愿的。其次，任何一种行动都是具有未来志向的，人们会把对未来的愿望、理想、期望等寄托在行动之中。但是一个人的行为却不会寄托关于未来的理想和愿望。与之相反，我们的行为包含在所有的初始性的构造过程之中，可以说，它是这些过程都具有的一种属性。即使这些构造过程产生于具有自发性的活动，情况也依然如此。在我们所有的本能反应中，都包含了一些对未来体验的意向。

对于胡塞尔来说，在宽泛意义上，反思并不仅仅指保持和再现。我们的所有记忆中都或多或少地包含了对未来的志向。可以说，未来志向是所有记忆都具有的一种成分。这些未来志向与各种维持现状的东西融于一体，共同构成了我们的记忆。我们的本能反应会因为未来志向而变得愈加富有活力。每时每刻，我们的未来志向都会构造或截取正在出现的成分，从而使自身获得实现。

我们对未来的预期其实就蕴含着对未来的志向。我们的那些具有预见性的期望也就是我们内心深处的愿望。这些愿望体现了我们的未来志向，构成了我们的理想系统。事实上，直接的未来志向与我们日常生活中的预期依然存在着区别。尽管两者都是对未来的美好憧憬，且必须在未来才能呈现，但前者是可以在我们的日常生活中反复再现的，后者更接近于通过在特定情况下对未来所做的美好想象，是更加随意的一种期望。也就是说，未来志向中掺杂了名为意志的东西，即使在完成这种志向的过程中会历经千难万险，我们也依然不会放弃。而我们对未来所做的预期则不具有这样强烈的意志，它更加自由，人们往往会根据实际情况决定是否采取行动。

在一定条件下，我们对未来的预期可以演变成我们的未来志向。我们经常会把理想挂在嘴边，这其实就是对未来志向的反思。如果预期可以成为未来志向，那么它必定也会被人们经常反思。直观预期的东西会被我们当作“马上就会出现的”东西来觉察，继而它也就会具备这种东西所具有的意义。

我们回忆的那些东西正是我们觉察过的东西，因此它们也必定具有那些被觉察过的东西的意义。我们可以利用我们对未来的预期来反思我们的现在，既然我们希望未来能像我们预期得那样美好，那么现在我们就必须采取行动，去思考我们已经具备了什么，还需要为未来准备什么。我们应该为了美好的明天而反思，反思我们过去所犯的错误在未来应该如何避免，反思我们以前的坏习惯要如何去纠正，反思我们要通过怎样的努力才能变得比过去更优秀，以便配得上那个理想中的未来。

我们的行动指向未来，从这一意义上来说，我们的行动都包含着对未来的预期。有时候，我们只需要观察一个人的行动，就能了解到他的目的。也就是说，我们从别人的行动中就能看出他的未来目标，乃至未来志向。我们都希望能实现自己的目标，并愿意为实现它们进行不断的努力，而所有的努力都需要回归到我们的行动之中去。于是，人们便发现了这样一个真理，即要想实现未来志向，就需要马上行动。由此可见，行动是通向理想的唯一捷径。没有行动的理想只能是理想，永远也不可能成为现实。

行动是一种预期未来的行动类型。我们的未来只有通过行动才能得以实现。从这种意义层面上来说，未来其实就是行动的结果。没有行动，谈何未来呢？当然，这样的界定并不完善。我们的未来志向能否实现不仅取决于我们的行动，同时也取决于我们的态度。一旦我们对未来志向失去了原有的态度，它就会变得摇摇欲坠。

如果我们没有为未来志向做准备，也没有在创造性的行动中进行必要的反思，而只是凭借着自身并不成熟的经验去构造未来，那么我们的未来志向就会变得很难实现。但是，只要我们能够将注意力集中在目前的行动上，情况就会截然不同了。我们只有将注意力集中在自身的行动上，才能去思考我们的行动究竟是正确的还是错误的。错误的行动自然要加以矫正，正确的行动自然需要继续发扬。而在这种思考判断中，自然也会包含对过去的反思。这样一来，对我们行动的反思便会以另一种方式不知不觉地呈现出来。

在我们那些富有创造性的行为结束之后，我们还要学会沉思。如果反思我们的行为是利用以前的经验来避免现在行动的错误，那么沉思就是总结优秀的经验，从而为未来的行动提供经验支持。因此，如果我们对未来胸怀大志，无论是反思自身的行为，还是沉思总结行为的经验，都是必不可少的重要环节。缺少这些重要环节，未来志向将会变得很难完成。这自然不是我们想要的结果。

或许，在我们刚刚产生未来志向的时候，它只是对未来的一个小小的憧憬，抑或对未来的一个美好的预期，然而无论怎样，它都是空洞的、不可预测的。而当我们为其付出行动、做出努力的时候，一切就变了模样。我们对未来志向的信心在一次次行动中逐渐建立起来，未来志向也会从一个空洞的东西变成一个有待于填充的对象，直至它最终成为一件实实在在的东西才会停止。

开始时，我们的那些未来志向是空洞的，到了后来，它们得以实现变成了我们记忆的一部分。我们追忆过去时，往往会感慨万千，甚至希望重新回到那个时候。这是因为我们只有在追忆中才能明白自己曾经拥有过什么，以及实现过什么样的“未来志向”。当我们站在一个新的时间点上，才能看到过去志向的实现，才能领略当时的美好。

## 2. 志向不是不变的，但绝不是可以被轻易改变的

记忆活动是一种特殊活动，它包含了我们对未来的志向。当这一志向逐一实现之后，便导致了我们的现在时刻。我们现在处于什么状态、变成了什么样子或多或少都与过去的那些志向相关。

同样，我们未来会处于什么状态、变成什么样子也会与我们未来志向相关。所以，一个好的志向往往可能决定我们未来幸福与否。如果说“未来志向”对一般人来说是一个不容易接受的词，那么我们不妨直接用“理想”来作为它的同义词。在日常生活中，那些拥有理想的人通常都是幸福的人，无论生活如何艰难，他们都会充满热情，坚持理想。没有什么东西可以打败这样的人，只要理想之火不灭，他们总会心怀希望。

未来志向不是不变的，但绝不是能被轻易改变的。我们小时候的理想符合了孩子单纯的性格，而当我们长大成人之后就会发现，我们小时候的那些理想已经变了模样，并以一种新的姿态展现在我们现在的生活之中。这不是说我们小时候的理想与长大后的理想完全不一样，而是说在时间的作用下，我们的理想会进行更新。或许，有人会说，他小时候的理想与长大后的理想是一样的。而我认为，不同年龄段的理想总是会有变化的，也许是内容上的改变，也许是实现方式上的改变，但或多或少会有些许变化。世界上没有一成不变的事物，正是从这种宏观的角度出发，我才会断言人们的理想是不断更新和改变的。

但是，我们的理想又是不变的，起码就其本身的性质而言不允许我们对其进行改变。随意改变理想，无法坚定自身的人往往一事无成。无论如何，我们憧憬未来能获得幸福美好的心态是不会改变的。同样，我们骨子里对那些美好事物的追求也是不会改变的。或许，由于环境条件或人为因素，我们的理想在形式或内容上发生了改变，但我们对最终想要成为的那个人不会有任何怀疑。我们实现理想的心是一如既往的。

对于行动者来说，理想只有两种，一种是虚幻的理想，另一种是现实的理想，而只有行动才能将虚幻的理想变成现实的理想。而对于记忆者来说，理想也分为两种，一种是尚未实现的理想，另一种是实现的理想。只要紧紧抓住时间、不虚度光阴，那些尚未实现的理想总能在时间的见证下变成实现的理想。在行动者眼中，理想是从现在时刻出发指向未来；而在记忆者眼中，理想是从过去时刻指向现在时刻，也就是说它指向的是过去的未来。因此，尽管我们需要借助以往的经验来实施行动，但相比于做一个记忆者，我们更应该做一名行动者。毕竟过去对我们的帮助是有限的。另外，我们更不能沉浸在对过去成绩的沾沾自喜中而无法自拔。记忆者对过去的追忆只属于活动的范畴，而行动者所采取的才是真正的行动。

行动者所关注的焦点是预期未来，记忆者所关注的焦点则是再现过去。在这里，预期是一种与再现过程相对应的、具有反思性的前瞻过程。预期对于未来志向的帮助十分大，借助于对未来的预期，我们可以预先认识我们行动的那些目标。有了这种认识，我们行动的目标就会被深深地刻在自己的脑海中，它们会变得越来越清晰，同时也能不断提醒我们想方设法来使它们得以完成。这就像是我们只有看清楚前方的路标，才能胸有成竹地到达目的地一样。

行动者的理想总是会按照他们预先设想过的计划来进行。也正是这些完美的计划，才能保证他们的理想能够得以快速地实现。关于行动者的研究证明，在实现理想的过程中，有计划地实现每一个理想的步骤要远远比没有任何计划地去实现理想拥有更高的回报率。这同时也说明了一个这样的真理，即不仅仅是理想，在面对世界以及面对生活中的各种事件的时候，事先制订相应的计划总是好的。

我们对任何一种行动都具有某种设计的本性。我们希望我们的行动按照事先规定的路线进行下去，然后再水到渠成地实现我们的理想。而且，需要说明的是，在设计行动的过程中，我们既可以根据已有的事实来提出计划，也可以完全独立于事实存在的行动来进行计划。我们必须承认，对任何行动的设计过程其实也是对这种行动的幻想过程，这些设计的过程都是在我们的脑海中进行的，虽然其包含了根据事实而进行的演绎的成分，但我们也完全可以将它看作一种空想。简言之，为了更快、更合理地完成我们的理想，适当地设计我们的行动过程，从而制订相应的计划是必要的。但是，我们也不应该因为拥有计划而忽视行动本身。为了计划而计划、完全沉浸在对未来的计划之中，也是不可取的。同样，只拥有计划、迟迟不采取行动，或者只是一味地设计计划，错过了最佳行动时机都是不明智的选择。

实现理想既要靠行动，也要靠计划。缺少了任何一样，我们都不能很快地实现我们的理想。这是事物发展的必然规律之一。在实现理想的道路上，我们既需要力量又需要速度。力量是由行动提供的，速度是从计划中获得的。力量和速度都够了，我们还需要将注意力放在周围的环境上，看一看前方的路是否平坦，如果是的话，我们就要把握住机会，勇敢地走上去。

我们说对行动的设计过程是一个对自发性活动的幻想过程，它并不代表活动本身。当然我们也可以将其看作一个具有直观性的预先描绘过程。这个过程既可能包含信念，也可能不包含信念。如果这一活动包含信念的话，我们就能以确定的方式来相信它。或者说，无论是对它加以肯定还是加以否定，我们都会确信无疑地相信自己的选择。

对行动的幻想过程与未来志向是不同的，前者具有直观性的表现，后者是一些空洞的表现。它们并不一定都是明确的，也不一定都能被实现。与未来出现的实际情况相比，无论是计划过程还是未来志向都是不能确定的。同样，不管我们所采取的行动合不合理，我们的计划和理想在实行的过程中也都是不能确定的。所以，即使未来没有按照我们预想的那样进行，我们也不能对生活丧失信心。须知，生活正是由于这种不确定性的存在才会变得如此绚烂多彩的。

## 3. 没有完成的理想很难通过幻想得到描绘

实际上，我们在对行动进行幻想时所进行的一系列的设计都是针对未来活动的。也就是说，我们所设计的是活动，而不是行动。在这里，活动与行动的关联点就在于那些得到设计的活动其实是我们行动的目标，并且这些活动都是由行动导致的结果。

从设计的意义上来说，如果那些还未存在、但被人们设计完成的活动不存在的话，那么行动本身是不可能被设计出来的。简言之，如果我们没有理想或未来志向，我们为实现理想或未来志向的行动也就不存在了。

如果活动没有完成，我们就不能通过幻想对其加以描绘。我们所幻想的东西或许在这个世界上并不存在，但是它们的成分，或者说材料一定是存在的。比如一个女孩想在未来成为一个天使，这无疑只是她的幻想，因为世界上根本就不存在天使，但是我们却可以将她的这种未来志向理解成一个具有天使品质的人，也许她可以成为一名医生，做一个“白衣天使”。

没有完成的活动是很难通过幻想得到描绘的。我们将医生描绘成“天使”，是因为他具有天使一样的品质。在这个世界上一定有人实现了成为医生的理想，因此，成为医生是一件已经被人完成了的活动。总结而言，如果我们连一个参照物都没有，那要如何来进行幻想呢?

如果活动是行动的目标的话，那么这种活动只有在得到设计以后，我们才能对达成它的行为进行实在的描绘。所以，我们的理想是需要进行设计的，只有这样我们的行动才能变得实在起来。如果我们没有根据事实存在的参照物对我们的理想进行设计，那么我们的理想就只能成为幻想了。就像是一个女孩想成为天使，但天使是不存在的，如果她找不到诸如医生、护士这样的理想承载物的话，那她想成为天使的理想就永远也无法实现了。

“我正在想象自己的行动”，按照日常的说法，我这样说并没有什么不恰当、不合理之处。但是，我们还需要弄清楚我们究竟想象的是什么。假设我们想象自己从床上下来，然后走向房门。在这个过程中，我们并没有想象自己那一系列肌肉的收缩和放松过程，也没有描绘我们从床边走向房门的一系列具体步骤。我们所想象的画面只是一幅我们已经完成了这一切活动的画面，即我们已经走到房门前的画面。有人可能认为，这只不过是我们的幻想而已。如果我们能将注意力集中在自己到房门前的旅途上，我们必然是可以将那些步骤详细地描绘出来的。这样在任何一种情况下，我们所描绘的对象都是已经完成过的活动，比如第一个步骤、第二个步骤、第三个步骤的活动等。

对于我们的那些行动来说，我们的这些活动都是已经被构造出来的、被预期的活动。如果脱离了这样的活动，我们就无法描绘出这些分别存在的、构成这种行动的进行过程的运动了。如果一种情况在我们记忆中是确定无疑的，那么同样在我们的预期中，它必定也是确定无疑的。在这两种情形中，那些构成活动的、正在进行的过程不会给我们的心灵留下清晰而深刻的印象，而留下清晰而深刻印象的只是那些已经完成的活动。所以我们在内心中设计的也是那些活动，而绝非行动。

对反思性的思想来说，设计过程是给定的；对直接经验或自发性的活动来说，它则不是给定的。我们的期待围绕着我们的直接经验，但这些期待都只是一些空洞的未来志向。有时，表面看起来，这些未来志向是被逐渐填充完成的。例如，在进行某个活动时，我们会从活动实行过程中获取一些经验，从而对未来产生某些直接的期待。在产生这些期待的同时，我们其实早就已经在内心中计划或设计好了一些东西，并且这些东西会或多或少地对我们的期待产生相应的影响。随着时间的推移，我们的设计会一步一步得到实施，在这一过程中，我们每一刻的期待都能具体地表现出来。

我们说行动与活动是相互区别的，这是因为行动是一种经过设计的活动的实施过程。这就意味着行动与活动虽然相互联系，却是完全不同的两个概念。行动的意义在于它所对应的那些经过设计的活动，因为任何一种行动都取向它所对应的那些经过设计的活动。

一个人要如何合理行动呢？实际上，一个人的行动计划往往是从选择某种目标开始的。在选择了目标之后，人们很快就会意识到，要想实现这一目标就必须采取一些合理的方法。这就是一种对方法与目标的因果规律性的认识。假设对于一个目标，一个人需要通过A、B、C 三种方法才能将它实现，那么在运作这些方法时，这个人也必定会将这三种方法当作具有中介性的目标来设计。从这一方面来看，所谓合理性的行动，其实就是那些具备中介性目标的行动。如果一个人采取了这种合理性的行动，那么他就会产生这样的判断：如果通过 A、B、C 三种方法可以实现一个目标，那么只要 A、B、C 这三种方法存在，目标就可以达成。因此，设计针对的是那些将来可能被实现的活动。只有假定这样一种活动存在，或者说只有设定了这样的活动，我们才能对各种方法进行选择。

行动者需要将他的理想或目标想象成已经完成的行动来进行设

计，才能对自己的理想或目标进行清晰的描绘。而这些已经完成的行动也就是在他经验序列中已经确定位置的事件。我们把这种有计划的活动描绘成已经完成的事件，继而它也就有了过去的时间特征。

如果我们希望达到某一目标，其最好的证明方式就是我们为之开始了行动。实际上，我们是将这一目标当成将来完成时来加以考虑的。我们可以把它描绘成既是将来的，又是过去的。无论对设计未来目标的过程还是对任何一种期待，我们都可以将它看作通过将来完成时态来描绘其对象的。

在实现未来理想的过程中，如果目标是既定的，方法是清晰的，那么行动者所采用的所有方法都可以被看作一个个小目标，这些方法是中介性的，完整地实行这些方法一定还会被分为更多的步骤，这些步骤在某种意义上也可以被看作方法。就像是我们需要将理想分为一个个小目标来逐一实现一样，那些实现理想的大方法、大行动同样也可以被分成许多小方法、小行动来逐一实现。正是由于这种再分性，使得不确定性得以增加，因此实现理想、获得成功的途径就会变得多种多样。如果一种方法行不通，我们就去寻找另一种方法，直到找到最适合于自己的方法，我们就一定会实现自己的理想，同时获得令人羡慕的成功。

我们的行动具有统一性，而我们的活动在设计之中就已经存在了。这些被设计的活动将通过行动逐步得以实现。活动同样具有统一性，只不过这种统一性是设计的广度或跨度所具有的功能。如果说我们的理想是一种已设计好的活动，那么我们在采取行动时就会因为这种活动的统一而使得自己的行为也保持统一，只有保持统一的行动才能实现统一的理想。

## 4. 人类的理想之火从未被熄灭过

从古至今，人类的理想之火从未被熄灭过。正是因为有了理想，人类才会不断进步，才能建立起和谐文明的社会。在原始社会，人们对光明报以理想，于是人们找到了火石，敲出了星星之火。从此以后，人们吃上了健康的熟食，即使在夜晚也能拥有光明。理想就像火焰，在昏暗的夜晚，它能点燃熄灭的灯，为人们照亮夜行的路。

理想是一笔财富，因为它能使我们进步，帮助我们向更好的方向不断成长。人们因为有了理想而变得伟大，草木因为有了理想才能茁壮成长。因为有了理想，梅花才能战胜寒霜，艳压群芳；因为有了理想，荷花才能出淤泥而不染，天然去雕饰；因为有了理想，百合才能走出贫瘠，散发馨香。

在不同的年代里，人们的理想是不同的。在经济萧条，饥寒交迫的年代里，人们的理想很简单，只要能吃得饱、穿得暖，他们便实现了最大的理想。在富足的年代里，人们的理想便发生了变化，温饱已经不再是人们的理想，人们的理想变成了文明、和谐。当物质生活逐渐充裕后，人们会越来越关注精神生活，于是，人们更加渴望文明、和谐的到来。在战乱的年代里，空气中弥漫着硝烟和残暴，人们渴望安定的生活，于是他们的理想又变成了和平、安定。因此，人类的理想会随着生存环境的改变而改变。

理想像罗盘，在风浪浩大的海面上，它能为船舶指引方向；理想又像船舶，无论你身处何地，它都能载着你出海远航。有时候，理想像是海天交接的弧线，可望而不可即。但无论多么难以实现的理想，它总能为你带来意想不到的惊喜与益处。比如它可以使你奋发图强，它可以使你积极进取，它还可以锻炼你的意志和耐心。

如果你失去了理想，那么你的生活就会变得黯然失色。人类若没有了理想，生命之花将会逐渐凋零。生活若失去了理想，就会变成一潭毫无生机的死水，没有波澜，也没有欢乐。青年失去了理想，他们就会蹉跎大好时光，变得碌碌无为。伟大人生的开端往往是从确立崇高理想开始的。秋天凋零的花草，只要埋下理想的种子，待到春天来临时，便又能变得生机勃勃了。

有了理想，人们便可以微笑着观察生活，即使遭遇不幸，也不会轻言放弃。或许你时运不济，或许你命运坎坷，但这些都没有关系，当你拥有了理想之后，它就能帮助你倔强地反抗自己的命运。拥有悲惨的命运不可怕，可怕的是丧失自己的理想。一旦丧失了理想，便失去了改变悲惨命运的机会。拥有理想的人，即使曾经命运多舛，他也能从生活的重压下重新站起来，坚定地秉持着理想之心，不断奋斗，不断向上，最终改变自己，改变自己悲惨的人生。

理想能让人忘记一切负面的因素。一位老人若能树立理想，他便会忘记自己发白的鬓发，以足够的激情去实现自己的理想。即使头发已白，理想也能使内心变得天真。

一旦确立了理想，我们就能明确前进的方向，我们将会精神振奋，以极大的热情投身于实现理想的行动中，即使前方的道路坎坷不断、困难重重，我们也能透过乌云和阴霾，看到希望和曙光。

小草因为对太阳有理想，所以它才能冲破岩石，破土而出；溪流因为对大海有理想，所以它才能勇往直前，一路向海；雄鹰因为对天空有理想，所以它才能划破长空，翱翔天际。为了我们心中的理想，全力以赴吧！或许，在不久的将来，你就能创造属于自己的奇迹。

人们常说要“志存高远”，意思就是说要树立远大理想，建立崇高的抱负，追求高质量的人生。一个人若想事业得到成功，往往需要树立远大的理想，目光短浅、没有理想的人很难成就一番大事业。但是，仅仅拥有理想是不够的，还需要为理想采取积极的行动。树立理想很容易，但实现理想却很难。而要实现理想，就不能纸上谈兵，还需要参与实战才能积累经验，从而逐渐走向成功。只是空谈理想，理想只能成为虚无缥缈的存在。实现理想的途径很简单，即一步步前行，一点点积累，但简单不代表容易。

理想的道路往往是不平坦的，途中必定充满了坎坷与荆棘。然而，这并不是我们放弃追求理想的理由。我们应该尊重现实，合理选择目标和路径，勇往直前，不受任何外物的影响，坚定不移地朝着目标迈进。只要我们拥有“水滴精神”，不断向着目标冲去，就一定会冲破岩石，实现自己的伟大理想。我们要勇敢地接受理想之路上的挑战，怀着强者的自信，用自己的智慧与奋进之心去过好每一天，做好每一件事，这样我们就能乘着理想的风帆，向着幸福快乐的生活航行。

## 5. 理想是引领人类不断进步的精神力量

外部世界能对人的精神世界造成影响，这些影响反映在人的头脑中，形成了各种思想、感觉、意志、动机等，而将这些内容交织在一起便构成了一种“理想的意图”。在人类精神世界的这些意识形态中，这种意图会激发出相关的力量，我们称之为“理想的力量”。理想具有什么作用往往取决于它所代表的社会和阶级力量。一般来说，理想的形成符合社会发展的客观规律，是一种进步的思想。人类若拥有了这种思想，社会就会不断发展，人类也会不断进步。理想既能使我们具有客观现实性，又能使我们具有主观能动性。对个体来说，它对人的一生都具有十分重要的作用；对于整个人类来说，它对人类改造自然和改造社会都起到了积极作用。所以说理想是一种进步的思想，是引领人类不断进步的精神力量。

具体来说，理想对人类起到了哪些作用，具有哪些积极意义呢？通过对理想的研究，我认为理想至少能在三个主要方面给我们提供帮助：

**第一，理想为我们的人生指明了目标，使我们的行动、努力和奋斗拥有了明确的方向。**

人的生命是有限的，我们无法延长生命的长度，但我们可以拓展生命的宽度。而拥有理想就能帮助我们实现拓展生命宽度的目标，这是因为拥有理想可以使我们有限的生命过得更有意义和更具色彩。如果说生命的长度是用量来衡量的话，那么生命的宽度就是以质来衡量的。理想可以使我们的生命拥有质的飞跃，所以它对生命的意义是积极的，而拥有理想是每一个智慧的人都应该积极奉行的一件事情。

理想能使我们的人生具有明确的奋斗目标，在这一目标的指引下，我们会朝着有意义、有价值的人生方向前进，当我们为了理想而努力奋斗之后，就有可能收获成功、喜悦、幸福、满足、美好等。在树立理想之前，我们往往对社会规律、社会发展有了一定的正确认识和自觉把握，因此一个人若拥有理想，就说明他已经对社会有了一定的认识和把握，它是一种迈向成熟的标志。也正是在这一基础上，人们才会确立自己终生的奋斗目标和前进道路。古往今来，凡是能成大事、有大作为的人无不注重人生理想的确立。无数事实证明，人一旦确立了崇高的理想，就会拥有更高的眼界和更强的自信。尽管前方阴云密布，他也能从黑暗中窥见光明；尽管生活平静无波，他也能从平凡中看到伟大；尽管成功的路上困难重重，他也会在挫折中充满信心；尽管一而再、再而三地失败，他也会依然坚信胜利。但是，如果一个人抛弃了理想或没有理想，那么他就会像大海中的一叶孤单的小舟，没有明确的航向，只能随波逐流。未来，它不是被海浪打翻，就是被冲到无人的荒岛之上。

**第二，理想是“精神的燃料”，能够为人们提供前进的动力。**

人生路上，难免有失败、气馁、颓废、失意、低谷等处境，没有理想的人在这些处境中往往会坠入黑暗的深渊，难以自拔；而那些有理想的人则能很快从不好的处境中重新振作起来。由于理想的存在，他们的内心充满希望，随时能够重新燃起炙热的火焰；他们渴望着浴火重生，最终成就自己的美好人生。世界之所以能前进，社会之所以能发展，事业之所以能繁荣，无不是因为有理想的存在。创造这一切的人必定都是有志向、有理想的人。因为这样伟大的事业不是随随便便就能完成的，更不是一朝一夕就能实现的，当我们丧失力量的时候，只有理想能激励我们，给我们提供源源不断的动力。

对于人们来说，理想所能提供的力量大小并非一样的。因为人们所拥有的理想的层次是不同的。也就是说，不同的人对理想的渴望程度是不一样的。有的人志向远大，对理想极度渴望，无论遇到怎样的困难和挫折都阻挡不了他迈向理想的脚步，所以当他用尽力量追寻理想时，他的理想会给其提供更多、更强的力量。这种力量足以使他重新振作起来，继续向着理想出发。有些人的志向较小，他们虽然拥有一定的理想，但理想并不是他们人生的全部，他们对理想的执着程度远没有志向远大的人强烈。当遇到较小的困难和挫折时，理想为他们提供的动力可以帮助他们渡过难关；而当遇到极大的困难和挫折时，理想为他们提供的力量将很难使他们继续坚持。

理想不是一成不变的，有些人在刚树立理想时，可能会奋发向上，积极行动，但随着时间的推移其所遇到的困难越来越多，诱惑越来越大，他们就可能放松下来，对理想的追求也逐渐变淡。相反，有些人一开始不重视理想，做起事来也相当随性，而当他们试着树立理想并为之而奋斗后，却发现为了理想而努力竟然可以获得如此多的好处，如此多的成就感。于是，他们爱上了这种感觉，对理想的态度也发生了颠覆性的转变。之所以会出现这样截然相反的情况，主要是因为这类人的理想与性格的不匹配所致。对于没有耐性的人来说，远大的理想过于困难，他们自认为为理想付出了很多，却无法取得任何成就，这使得他们的心态发生了改变，从而改变了自己的初衷；而对于那些性格自由大度的人来说，短期的理想很容易给他们带来满足感，只要他们有付出就会有回报，这使他们很快喜欢上这种感觉，从而也改变了对理想的态度。由此可见，理想的性质与性格匹配才能使我们获得追求理想的乐趣，并愿意为理想而奋斗。

理想是人类前进的动力，只要你能树立适合于自己的理想，你就可以在人生道路上不断前进，即使遇到坎坷和低谷，也能从理想中获得走出坎坷和低谷的力量。当你适应了追求理想的状态，并能以追求理想为乐趣，那么你的人生必定会被成功占领。

**第三，理想是人生的精神支柱。**

人类的生活可以分为两个方面：物质生活与精神生活。从本质上来说，这两种生活之间不存在优劣好坏，它们都能给我们带来幸福和快乐。其中物质生活是基础。作为智能生命，人类的一切生命活动都是以物质生活展开的，因此我们渴望提高物质生活的质量，追求物质上的成功，这一切都无可厚非。但是，物质生活要想得到提升和改善，就需要人类不断发展生产力，不断取得实质上的进步。因此以追求物质生活的殷实为理想必须付出相应的努力才能实现。如果有人将幸福与物质需要分离开来，只提倡人们纯精神的满足，这显然是不正确的。一切的禁欲主义和苦行主义都不能将人们的理想与物质生活完全分离。物质生活是理想的前提，缺少了这种生活，理想就会折断飞翔的翅膀，变得遥不可及。

但是，我们绝不能在物质生活中迷失自我，因为人的幸福感不仅仅来自物质享受，还来自精神享受。因此，精神生活与物质生活同样重要。只拥有丰富的物质生活，而没有丝毫的精神生活，人们不会感到幸福。相反，如果物质生活贫乏，但拥有充实的精神生活，则可能使人感到幸福。个人的享乐主义不是幸福的真正来源，幸福的真正来源是拥有崇高的理想，因为拥有崇高的理想正是精神生活充实的表现。由此可见，理想是人的精神支柱，它能引领人的精神生活，使人们感到幸福。如果失去了这一精神支柱，人的思想境界就会降低，精神面貌就会变得颓废，情操兴趣就会变得匮乏，生活态度也会变得极不端正。相反，如果人们有了这一精神支柱，就不会自暴自弃、心灰意懒，也不会被困难、挫折所压倒；而会始终拥有坚定不移的信念，炙热不息的热情，永不衰竭的勇气以及永不停息的斗志。人们一旦树立了崇高的理想，他们的道德也会逐渐变得高尚，因为崇高的理想会使人拥有完善的人格，而完善的人格正是道德高尚的基础或前提。

理想既是人生的目标，也是前进的动力，亦是人生的精神支柱。

拥有理想，我们的人生将注定不凡；至少，在精神境界上，我们已经超越了那些没有理想的人。立志要趁早，理想需坚守。如果你能从小立下远大的志向，并能为自己的理想努力奋斗、持续行动的话，你的人生必定精彩无限。

## 6. 理想既是一种信念，也是人心灵世界的核心

理想是一种信念，也是人心灵世界的核心，理想的高度往往能决定你人生的高度。一个人若拥有这种信念，他的人生将会变得高尚起来、充实起来；若他失去这一信念，就会在空虚和孤独中度过一生。

远大的理想亦是崇高的信念，拥有并坚定这种信念，我们的身心都能获得健康的成长，我们的事业也能随之顺利地建立和开展。要想开创美好未来，这一崇高的信念必不可少，因为它既是我们的精神支柱，又是我们前进的动力。无论处于哪个年龄层的人，一旦拥有这一信念，都会变得不再平凡。

社会如大海，人生似船舶，理想则像引航的灯塔。当人生处于迷茫之时，就像是船舶驶入迷雾之中，只要它能远远望见理想的灯塔，就能走出迷雾，进入安全的港湾。失去理想就等于失去方向和动力，人生的船舶就会随波逐流，甚至有沉没的风险。

人生像一场漫长的旅行，而理想和信念就像是一对相约同行的伴侣，无论走到哪里，它们都会如影随形，相互依存。拥有理想是拥有坚定信念的基础和前提，而拥有信念则是实现理想的重要保障。有时

候，理想与信念就像一对孪生兄弟，我们很难从严格的意义上来分清它们。在大多数情况下，我们会将理想当作信念，又会把信念看作理想。然而，从出发点上来看，如果我们将理想当作信念，就意味着我们将理想看成一种确定无疑的观点或主张。相反，当我们将信念看作理想的时候，实际上就意味着我们将信念与奋斗目标联系了起来，将它看作一种向往或追求。

人生既是一个实践的过程，也是一个不断奋斗的过程。如何使生命富有意义，如何使人生过得有价值？实际上，这一切都需要理想的加持，或者说需要一种有意义的奋斗目标进行指引。只有沿着正确的人生航道前进，才不会误入歧途，理想恰恰能为我们在前进中保驾护航，使我们不至于偏离正确的方向。理想的信念可以使人看清自己的能力，明确自己的位置，帮助人们合理地控制自己的思想和行动，可以说，它是人的思想和行为的定位器。一旦树立了理想，我们就能在短时间受到它的作用，比如它能迅速帮助我们明确方向，或者在我们失意的时候，迅速帮助我们振奋精神。在漫漫的人生旅途中，总会有那么多曲折的道路，总会有那么多复杂的境遇，但无论我们经历了多少苦难和迷茫，理想都能使我们看到未来的希望，在绝望中给予我们信心，在迷失中帮助我们指明方向。

理想的信念只要足够坚定，它就能赠予我们惊人的毅力。这时，我们就会拥有旁人无法想象的耐心，若我们能将这份耐心投入坚持不懈的努力中去，我们就能成就事业，创造奇迹。

树立理想，就相当于在人的内心世界建立一个健康的系统。这个系统的作用非常庞大，它既可以使人保持心灵的充实和宁静，又可以使人避免内心世界的迷茫和空虚。同时，它还能帮助人提升精神境界，塑造高尚的人格。而它最重要的作用是帮助人们摆脱现状，活成自己理想中的样子。另外，有了理想，我们的目标就能不断升级，这有助于我们进行持续的发展和进步。人类之所以拥有现在的成就，绝大部分原因都在于人类拥有崇高的理想。越是拥有理想的人，他的信念就会越坚定，精神境界就会越崇高，人格品质就会越高尚。

拥有理想不仅能使人成长，还能使人成才。但是，成长和成才的道路并非都是一帆风顺的，其中不仅有成功和鲜花，也会有失败和反对。对此，我们必须在出发之前做好充分的心理准备。拥有真正理想的人从来不会打无准备之仗，他们一定会精心策划通向理想的路线，耐心实行一切有利于实现理想的行动，即使遇到困难、挫折、失败、反对，也不会有丝毫的退缩和气馁。

如果将实现理想看作一场战役的话，那么有理想的人常常拥有这样的信念，即他们面对逆境会越战越勇、越战越兴奋。成功和胜利的关键不是在逆境中消沉，而是在逆境中奋起。我们知道，理想越伟大，信念就会越坚定，克服困难的勇气也会越强大，意志也会越坚定。所以，越是树立了伟大理想的人，他们所能取得的成就越让人羡慕，也越会让普通人望尘莫及。

在战争年代里，在敌强我弱的情况下，有理想的士兵不会放弃，他们会抱着至死的信念，克服一切的艰难险阻，最终夺取革命的胜利。有理想的人不惧流血牺牲，他们会前仆后继地用自己的生命和热血来战胜一切阻碍他们的困难。在他们的心灵世界中，没有什么是不可能实现的。如果他们没有实现自己的理想，他们也不会寻找任何可笑的理由，而会将所有的失败归咎于自己的不够努力。这种坚定的信念让他们异常坚定，强大无比，就像是一个个永远屹立的丰碑。在那个年代，那些有理想的人将永远活在人民心中，他们被人民视为英雄，奉为伟人，之所以如此，皆是因为他们是拥有民族理想的人。

无论对个人来说，还是对于团队、群体来说，拥有理想都是十分重要的。缺少了这项内容，人生就会变得不完整。人人都希望拥有一个完整的人生，人人也都希望拥有至死不渝的信念。因为拥有完整的人生，证明你是一个成功的人；而拥有至死不渝的信念，才能被别人记住，才能成为一个被人认可的人。我们不仅希望做一个成功的人，更希望做一个被人认可的人，而拥有崇高的理想往往能使我们较容易地被他人认可。这就是理想的魅力所在，这就是理想的价值所在。

理想是一种信念，并且是一种科学的信念。理想如果失去了科学性，那就可能成为幻想或妄想。真正的理想往往是可实行和可实现的。理想是一个可能事件，不可能事件永远也成不了理想。即使理想一时实现不了，它也能在精神上给予我们鼓励，使我们获得昂扬的斗志和饱满的精神，从而帮助我们更容易地获得成功。

第五章

# 人生有多少关键的十字路口需要认真把握

人生的道路漫长而曲折，存在许许多多的十字路口，当我们走到十字路口时，就不得不面临着选择。因此，选择是人生的常态，人的一生是在不断地选择之中度过的。在人生的十字路口，没有路标，也没有“红绿灯”，要选择哪一条路继续走下去，完全由你自己决定。有些人可能徘徊不前、犹豫不定，有些人十分明确自己要走的路，所以在选择时显得十分果断和干脆；还有些人不知道自己究竟选择哪一条路，当他看到别人留在路上的脚印时，选择了追随别人。

无论如何选择，我们最后决定要走的终归都是自己的路。这条路可能与别人要走的路十分相似，也可能与别人的截然不同，但无论如何都应该尊重自己所选的路。既然我们决心已定，就不该有后悔的念头；既然这是我们选择的路，就应该脚踏实地走好，让它成为我们的骄傲。人生是短暂的，我们要学会自己选择。在该追求的时候选择追求，在该放弃的时候选择放弃，最完美的选择往往是最适合自己的选择。只要做好了人生选择，并为其努力奋斗，我们的人生就一定能绽放光彩。

## 1. 在设计和选择中获得人生走向

如果将自愿性行动当作富有意义的行为的标准，那么这种行动的意义取决于它本身所具有的自愿性。也就是说这种行动的意义在于它是在经历了选择后而进行的。行动者会选择这一种方式，而不是选择另一种方式来进行某种行为，就是这种行动的意义所在。

自愿性行动是一种“自由”的行动。是否进行这种行动完全取决于当事者的选择。因此，说一种行动是自愿的，就意味着这种活动是自由的、可选择的。这种说法还包含着更深层的含义，它也表示在决定这种行动的各种目标时，我们就已经知道这些目标是什么了。自愿性目标是可选择的，我们至少能在两种及其以上的目标之间进行某种自由选择。

假设现在存在两种活动，分别用 X 和 Y 来表示。那么在活动 X 和活动 Y 之间进行选择具体是什么意思呢？决定论者和非决定论者都倾向于这样认为：将活动 X 和活动 Y 想象成空间中的两个点，有两条交叉的道路分别通向这两个点，道路的交叉点被标记为 O。现在有一个自我需要在交叉点 O 处做出决定，他可以自由地选择眼前的两条道路，他既可以选择走向 X，也可以选择走向 Y。但是，在我看来，这样的思考方式是错误的。我们不应该根据预设的空间目标和路径来设想这个问题，也不应该根据在两种活动中的任何一种进行之前，就预设它们同时存在来设想这个问题。因为，这些目标在行动者未做出选择之前是不存在的，同时这些目标在未完成之前，那些用于实现它们的路径也是不存在的。另外，以下两种说法同样是毫无意义的：第一种是假设活动 X 和活动 Y 中有一种已经进行过了，认为在 O 这一时间点上另一种活动还可能得到选择；第二种是假设重新回到 O 时间点进行选择，已知活动 X 发挥决定性作用的原因，因此认为只有选择活动 X 才能得到选择。

决定论者和非决定论者都喜欢回到时间点 O 处去考虑那些已经进行的行为，他们习惯于将自身的特征归因于这种正在进行的行为，从而说服众人。但是，他们的学说背后都隐藏着这样的假定：思想性的空间方式都可以被运用于延绵，而延绵也可以通过空间进行解释。因此，我们经常会用同时性来解释连续的状态。但是，真实且正确的选择方式却并非如此。它应该是这样的：自我通过想象来进行一系列的心理状态，而它可以在这些心理状态中获得扩展和丰富，同时经历其他变化。在活动进行之前，决定论者和非决定论者的那两种假设都是不存在的。实际存在的只有自我，自我与其具有的那些动机构成了连续不断的变化过程。

某种行为进行了，就意味着这种行动已经被完成了。或者说没有完成的行为也就是没有进行的行为。设计所预期的是活动而不是行动，且这种预期是以将来完成时态进行的。通过对这种独特的联系进行进一步的研究，我们可以得到：预期存在于设计与正在进行的行动之间；也存在于通过反思实现的设计和未能实现的设计的活动之间。

所谓的设计，从某种意义上来说，都只不过是行动者的幻想而已。它是某种具有预期性的再现过程，更像是某种行动的影子。但是设计作为幻想却可以成为一种真实的体验。在所有的修正活动中，这些幻想都可以被反思。一般来说，设计时的选择是这样产生的：

首先，行动者会通过将来完成时态来设计一个行动X，于是，行动者可以自觉感知到他对这种意向性活动及其内容的幻想过程。之后，行动者在设计活动Y时，就会将对活动X的设计过程当作反思的对象。这些行动都在意向性的活动中得到了保持、再现、反思和比较。这些行动的特点在于它们是中立的、态度含糊的以及不产生影响的。

行动者在各种设计之间进行选择的过程以及他完成的行动，共同构成了一种综合性的意向性活动。这种活动是更高一级的活动，它可以帮助人们在内心中分化出一些其他活动。胡塞尔称这一活动为多型性活动。

胡塞尔认为意向性活动可以作为连续的综合而存在，也可以作为不连续的综合而存在。

其中，连续的综合可以构成空间中某个事物的意识活动，而不连续的综合可以理解为对其他不连续的活动的集合。这是一种高级的统一体，它既具有多型性，又具有综合性。它的多型性体现在其内部设定了多种“论题”；它的综合性体现在这些“论题”都是一起被设定的。在这种总体性的活动中存在着许多其他活动，它们作为这种总体性活动的成分都有着各自的目标。当然，这种总体性活动也有自己总体性的目标。然而，在构建这种总体性目标的过程中，出现了某一种非常独特的成分，我们可以对其进行以下解释：总体性目标所包含的各活动成分的目标都会得到具有针对性的、专注的盯视，由此产生的综合活动在这种影响下也会被众多目光紧盯不放。而这种事情是在综合性活动进行集结时就开始的。这是一种单一的意识，而不是一种复数性的意识。

我们也可以把这种观点应用于考察选择性的活动。假设行动者设计出了活动X和活动Y，这些设计性活动中的每一个设计环节都是以其正在考虑的可选择对象为目的的。但是如果行动者摆脱了摇摆过程，做出了选择，这种选择就会成为某种统一的设计活动。而这种统一的设计活动不久后又会作为下一个设计的反思参考物。

为综合性的行动所设计的总体性目标是中立性的，而不是姿态性的，它不代表某种东西的存在，只象征着行动者已经决定将要做什么。一旦这种综合性的活动得到完成，它就会以多种姿态存在于这个世界上。多型性的活动需要依靠单一的意向性活动来把握，因此我们必须慎重对其进行选择。我们不能被表面的幻想所迷惑，也不能沉浸在过去的成绩中而难以自拔，面对未来的美好生活，应勇敢地做出选择。从多样性到统一性，自然是在不断地选择中发展进步的。我们的行动一旦完成，那些通过选择的设计就会成为一种统一体，我们会在活动的设计和选择中获得属于自己的人生走向。

无论何时何地，我们都应该保持着自然的态度、朴素的态度来进行选择，通过这样的选择所设计出来的行动同样也会以自然的态度、朴素的态度来呈现给自我。

## 2. 怎样面对那些被认为是理所当然富有意义的行动

胡塞尔认为各种注意的修正过程也就是我们所关注的一系列的转化过程。这些转化过程预设了我们的意向，也预设了某些发挥描述作用的阶段。这种转化过程展示了我们整体性的经验在意向性作用和意向性对象方面经历的各种修正过程。

显然，就经验的意向性作用而言，这些修正过程指的是对经验本身进行的修正过程。当然，它们中也必定涵盖了经验的意向性对象。我们的所有经验，包括有关知觉世界、记忆世界以及幻想世界的各种经验，都是可能接受注意性修正的。针对某种意识内容，我们究竟是采取中立态度，还是采取有立场的态度，这些都是可能受到我们注意的变化的影响的。注意性修正过程可以把各种遮蔽过程表现出来，比如它可以使我们表现出究竟是在对实际事物进行理解，还是对其进行单纯的关注；是对其进行极少的关注，还是完全的视而不见。

注意的形成过程具有某种主观特征，这也就意味着注意的目光并不是与自我分开存在的，它本身就具有并保持着人性。换言之，我们不得不承认这样一个事实，即注意的目光保持着个性，且是作为某种“自我的目光”而存在的。在延绵之流中，注意的目光伴随着自我的各种变化，它参与了实际的各时间阶段的构造过程。

对于那些被注意的对象，自我会每时每刻都表现出不同的态度，比如当自我的意识在通过各种活动而被引向空间—时间的世界时，它会对被注意的对象表现出一种态度；当自我的意识沉浸在它那内在的意识流之中时，它又会对被注意的对象表现出另一种态度。由此可见，自我会对生活采取许多各不相同的基本态度，从而表现出许多各不相同的“情绪”。而从一个人对现在生活所采取的态度中，我们亦能看出他对过去生活所采取的态度。

自我赋予体验的注意种类决定了一种体验的意义所经历的各种修正过程。这就意味着，自我在观察某种体验的时刻一旦发生改变，这种体验的意义也会随之发生改变。一个人在记忆某种体验时所体会的意义是这样的，但随着时间的推移，他在回忆这种体验时所体会的意义就成了另一番模样。如果一个人先后对同一种体验所持的观点不同，那么他对这种体验的反思程度也会不同。日常生活中并不缺少与意义解释有关的案例，我们并不需要劳心费神地去探究某个人的深层意义，我们只需要了解与其有关的表层意义就能用以确定我们行为的取向了。而意义的确立和解释也是以这样符合实际的方式在主体之间确定下来的。即使我们通过反思可以洞悉意识流的深处，也不会脱离这种符合实际的方式，它同样是在符合这种实际的方式中确立下来的。

通过对注意性修正的分析，我们可以将一种非常确切的意义赋予“理所当然”这样一个被我们反复用到的概念。我认为理所当然指的是一种特定的、不需要做进一步分析的经验层次。进一步来说，我们对反思的实际兴趣决定了一种经验层次是否会被我们认为是理所当然的。简单来说，我们是否喜欢反思以及我们在何时反思都与我们判定一种经验层次是否是理所当然的有关。我们说某种意识会变成理所当然的，是因为我们还没有解决那些实在的意识问题。我们并不知道这些实在的意识问题是通过一些有意识的活动而产生的，还是通过一些中型的意识活动而产生的。因此，我们为了说服自己，就用到了“理所当然”这一概念。但是只要我们稍加注意或者进行些许的反思，我们就能把开始视为理所当然的东西转化为有问题的成分。据此，对于那些被认为是理所当然富有意义的行动，我们就需要进行必要的注意和反思，才能真正理解其意义的根本内容。

## 3. 我们的经验是一种意义脉络

一个外部对象的构造过程可能涉及各种复杂的结构性脉络，对此我们要对其进行一一揭露。在意识流中，每当我们遇到各种外部现象时，我们就会从这些外部现象出发构造出一些对象。这里的外部现象是怎样集中在一起的呢？其实，它们都是通过某种意义脉络集中在一起的。在这些外部现象按照某种有规律的序列相继出现时，我们才能从相应的对象那里获得经验。借助于单一的注意，我们可以把这样的系列当作一个整体来考察。相应地，我们也可以把它当作外部经验的对象或从属于外部世界的事物来考察。

个体对外部现象的体验可以通过对相应对象的经验联系在一起。而这种联系的过程，或者说这一事实也能作为经验来看待。这样一来，我们便可以通过体验当下各种对象的实际情况来获取经验了。一种对象不是我们所熟知的，但我们可以通过体验对它的经验构造过程来了解它。在这一体验过程中会涉及各种光环的围绕，其中就包括各种未来志向的光环。

任何一种体验都具有综合的本质，而体验的各种阶段就是通过这种方式联系起来的。这样的联系会以怎样的方式出现呢？后来的体验可能是从现在就出现的，而现在我们所具有的特性又是由对以前的各种体验的保持决定的。也就是说，将来形成的经验是以现在的体验为基础的，而现在的经验又是以过去的体验为前提的。而无论是过去的经验、现在的经验还是未来的经验，都必定保持着更加基本的形态，这些形态必定都可以把所有体验归属于我们的那种状态构造出来。

将一张桌子当作我们的经验对象，并以此为出发点进行相关的探索，就可以发现，这种对象得以构造出来的过程是一种向下的探索。当然我们也可以反过来向上探索，这样我们很快发现各种符号层次，从而通过桌子来谈论“桌子”。在这样的探索过程中，我们也能涉及有关事物与词语概念的关系的各种问题。比如，我们现在给出这样一个判断，即“这是一张桌子”，仔细分析就能发现，一个人之所以会发出这样的判断，可能是因为它所指示的只是这个人以前的那些经验，具体来说是那种其所具有的有关其他桌子的经验。简言之，这个人之所以会做出这样的判断是因为他想到了与之相关的经验而已。

需要注意的是，这种被判断出的概念只是语法的最低层次，是语言和逻辑世界的基础。语言和逻辑的世界只有在这样的基础上才能根据形式化和一般概括过程的历史来解释它们的各个阶段。也就是说，语言和逻辑的世界必须根据经验来解释自己的各个阶段。我们将这里提到的阶段命名为“有关构造过程的现象”或“构造性现象”。我们在用到“经验”这一概念时，那些实际发生的形式化过程和一般概括性过程都只不过是我们的经验的组成部分而已。

在日常生活中，我们经常把对外部对象的经验构造过程当成现有经验的某种含义来使用。我们可以将这种分析应用到体验的各个领域，也可以将这种分析应用到逻辑的各个领域。换言之，我们既可以将它应用到用一个判断构造另一个判断的过程中，也可以将其应用于实践方面和价值论方面的综合。而这种综合是建立在逻辑性综合的基础之上的，也是可以得到经验的。

现在，我们有必要界定被预期的意义是什么意思。假设，我们对某个对象的体验引起了我们的注意，对此，我们可以提出这样的问题：这种体验是如何形成的？我们就可以对它的起源进行分析。而这种分析的方式就在于我们要直达它构造过程的最底层。由此我们可以判断出，它是由纯粹绵延的时间形式进行的构造过程。但是，凭借我们现有的知识是无法知道它的源头和内在时间形式的。我们过去的经验具有一种更加高级的意义形态，这种意义形态包含着其他的意义形态，而其他的意义形态又是由更加低级的意义复合体构造而成的。然而，对于我们来说，那些由已经经验过的东西构成的较为低级的层次都是理所当然的。这些已经经验过的东西都处在一个深刻的、没有被反思性的扫视触及过的层次上。有些东西之所以会被认为是理所当然的，是因为我们对它们的注意活动进行了各种修正。

下面，我们需要对保持自然态度的自我进行彻底的意义分析。在进行某种体验时，我们会偶然发现存在于我们意识储备库中的那些过去的经验。我们不仅了解这个世界，也了解自己究竟期待什么。在意识生活的每时每刻，我们的意识储备库中都会增加新的内容。这是因为随着时机的变化，人们对各种事物的看法或多或少都会发生相应的改变。认识的延绵是多种多样、持续不断以及不可逆转的。利用这种延绵的观念，我们就能清楚地意识到自己对事物看法的变化。这一点既可以用演绎的方式来证明，也可以通过在自然生活和知识积累的过程中对自身意识的考察来进行证明。

对自然人来说，他过去的所有经验是如何向他呈现出来的呢？在我看来，这些经验一定是以这样的方式呈现给它的主人的，即这些经验会作为一种井然有序的东西、一种知识或者一种被期待的东西向他呈现出来。这种呈现给他的过程就像是外部世界作为一种井然有序的对象向他抽象出来的那种过程。对这个自然人来说，除非他想要解决某种特殊问题，否则他是不会在意这个井然有序的世界是如何构造出来的。同理，除非这个自然人不得不利用自己过去的经验，否则他也不会在意这些经验是如何建立的。以此类推，我们现在所考虑的这些有关秩序的特定模式，都是我们已经遇到的体验所具有的意义形态。

过去经验的综合具有哪些模式呢？首先，我们必须明确它究竟是怎样的一种经验。毋庸置疑，它是一种有关外部世界及其对象的经验，其中包括对有生命的对象的经验和没有生命的对象的经验。因此，拥有自然态度的人具有有关各种自然对象、人类自身、社会集体、文化对象等丰富的知识储备。此外，这种人还会拥有对内在经验进行的各种综合。这些综合包括他以前在各种活动中进行的判断内容以及由其心灵活动和意志活动所导致的各种产物。对这样的人来说，无论是内在经验还是外在经验都将进入更高级的意义脉络，同时他也会将这些意义脉络变成他的经验。这样的人不仅拥有与理论科学和应用科学有关的经验，还拥有与逻辑规则、科学规则相关的经验。另外，所有有关实践规则和伦理规则的经验也都包括在他的经验之内。

我们所提到的这些经验模式又可称为“经验图式”。我们的经验图式是一种意义脉络，它作为我们过去的经验形态而存在。它虽然包含了各种经验对象，但却并未包含构造这些经验对象的过程。我们会忽略这种构造过程，认为由这种过程构造出来的对象是理所当然的。

将经验图式界定为意义脉络，这其实是一种双层界定，无论从形式方面还是从内容方面它都是成立的。将经验图式的构造方式当作一种有关多型性活动的高级的综合，这就是对经验图式进行形式方面的界定。我们用单一的形式来考察这些综合时，我们看到了一种具有总体性的对象。通过这种指涉，我们对经验图式进行了内容方面的界定。我认为，那些曾经经历过的经验成分是一种相互连贯的东西，它们之间既可以相互制约，又可以利用某种方式构建成更加高级的形态，同时它们本身也具有自己的意义形态。这些形态是存在于不同时间段的经验的统一形态，也是我们以往全部经验的最高意义的形态。因此，无论在任何时间，我们的经验都会具有某种整体性和连贯性。我们经验所具有的整体性源自我们所有经验的综合，这样的综合对应着某种具有总体性的对象，它指的是我们所有知识的内容。如何对我们经验的连贯性进行解释呢？其实，正是由于这种经验的连贯性，才使得那些相互矛盾的经验可以在不损害经验的整体性的情况下出现。

在我们做出判断之前，那种普遍的经验基础就已经存在了。日常生活中，人们经常会将这种普遍的经验看作经验的连贯性统一体来进行预设。在这种连贯性统一体中存在着各种事实，它们聚在一起同时也保持着彼此之间的连贯。如果我们认为这种统一体中不存在不一致的地方，那就大错特错了。实际上，即使是统一体也会有不一致的地方。比如两种不一致的成分也可能具有某种基本的共同体，因此我们才会在这一共同体的基础上，称它们是统一的，但是这并不代表这两种成分之间就没有不一致的地方。虽然两种不一致的成分之间存在着对立的成分，但是它们之间的统一性却不会因此受到损害。在这个意义层面上，初始性判断以及随后出现的与之对应的判断都会在这种理论基础上获得统一性、连贯性以及不一致性。

## 4. 着眼小处，精挑细选那些可以事半功倍的行为

为了实现目的，我们往往会为之设计一些行动。当然，我们也可以将每一种行动视为一种目标，当行动完成后，与之对应的小目标也就得以完成了。而当所有的小目标都得以完成的时候，我们最终的目的便得以实现了。但是，并不是所有的行动都能用以实现我们的目的，有些行动是耗时费力的、不合理的或者无用的，所以我们不能选择这些行动。我们所要选择的行动是那些高效优质、合理有用的行动。只有凭借我们的经验和智慧才能选择出这些优秀的行动，也只有这些行动得以实行，我们才能尽快实现自己的目的。

从细节上，我们需要着眼于小处，精挑细选出那些可以使我们事半功倍的行为。而从总体上来看，我们也要顾全大局，而这就意味着我们要时常从整体上扫视和概览这些行动，将它们看作具有整体性的统一行动。在我们概览这些行动的同时，我们也再现着以往的种种经验。因此，概览的过程也就是再现运作的过程。我们在概览总体的运动的同时，也会注意到那些作为其组成部分的行动。我们会从这些行动上再现以往行动的影子，也会保持以往经验的特征。

我们的行动目的具有未来性的时间特征。但是，这种说法并不意味着，我们的目的会实实在在地出现在未来的某个时间点上。假设不久前我结束了对朋友的拜访，在回去的路上，有邻居询问我为何外出。毫无疑问，我对朋友的拜访已经变成了过去的事情，但是我依然回答邻居：“我是为了拜访朋友才外出的。”包含在我这句话中的时间其实是过去的未来，但是就当时我回答邻居的那一时间来看，我拜访朋友的时间已经成为过去。

由此可见，我的回答表明了自己的目的，但是这一目的是当时已经完成过的，所以对当时的邻居来说，我的回答便成了我外出的原因。普通语言让我回避了我的外出目的和外出原因之间的区分。因此，人们往往会在相似的情况下把“目的”理解成了“原因”。比如，人们会把“由于我想拜访朋友，所以我外出了”理解为“我之所以外出，是因为我想拜访朋友”。在这里，我们按照一定的逻辑，将“目的”等值描述为“原因”。对于此种情况，我将这种描述称为“伪原因描述”。很显然，这是一种双重表达方式，它既可以说明我外出的目的，又可以说明我外出的原因。这两种表达的区别在于，目的陈述是将我的目的当作未来发生的事情进行描述，而伪原因描述是把我的目的当作过去发生的事情来描述。

从这两种描述中可以看出，我们的行动往往具有双重合理性。

它们既包含着行动者的未来取向，又包含着行动者对过去的参照。

我们的一生中会进行各种各样的活动，这些活动中必定有一部分是被我们精心设计过的。其中的步骤、注意事项、前后逻辑、因果关系等都被我们考虑在内，我们在行事之前就已经为它们做好了准备。与此同时，在这些活动中必定会发生各种行动。如果说活动是整体观、大局观的体验，那么活动中的行动就是细节、局部观的体现。而无论活动还是行动都必定处于某种意义形态之中，那么要如何对这种意义形态进行说明呢？从根本上来说，如果我们都对事物产生了某种意义形态上的认识，那么很可能就会出现众多单一性的理解。尽管那些行动都是由若干步骤构成的，但对于我们来说，它们便成了已经完成或结束的东西。或许有人会问，既然这些东西都是由人们想象出来的、尚未确定的东西，那么我们要如何对有关它们的设计进行描绘呢？如果我们是各方面都具有丰富经验的人，这一问题就会变得非常容易理解了。事实上，我们在设计与目的有关的行动时，必定会参照以前的那些经验，回顾与之类似的活动而对当前期望的那些活动进行设计。简言之，在系统地设计并表述新的活动时，设计者就会在自己的意识中再现并参照那些已经过去的活动。

在设计一项活动之前，行动者会先了解过去的同类活动是如何展开的。行动者过去所经历的这类活动越多，他在接下来设计该活动的合理性也会越高。当行动者对这些活动理解得足够充分时，他自然会将现在设计的这一活动看作理所当然的。生活中类似的例子有很多，比如对某项工作实践和练习越多的人，他的工作效率自然就会越高。两者的道理其实是一样的。我们对一种既定的行动练习得越多，就会对这种行动的具体步骤留意得越少，而这正是节省时间、提高效率的关键。

我们对活动设计的范围有多大呢？其实，这完全取决于我们完成“它们”的方式有多少。例如，一个木匠想要给新婚的儿子亲手设计一张木床，由于他的工作就是设计木制家具，所以自然对木床的设计流程、行动步骤等了如指掌。木匠通过长期的工作积累了设计及制造木床的大量经验，他拥有如何进行木床制作的知识，所以很容易自发地设计和制造一张木床。在这里，木匠可以对他过去的那些体验进行详细的解释，因此他可以通过注重实效的方式来进行木床设计。他的设计能力是通过这种实际的设计行动锻造出来的。在接下来进行的设计活动中，他可以回过头来进行各种相似的活动。

每一种设计都能够从被设计的行动中构造出来，而其中所产生的意义又可以通过指涉相似的活动而诠释这种意义。木匠对家具设计具有综合的认识，他可以轻松地对设计活动进行解释。“送儿子新婚礼物”是木匠的目的动机，在形成这样的目的动机的同时，他想要亲手设计并制作一张木床的活动便形成了，于是造床的活动就随着他目的动机的形成建立起了一种意义脉络。为什么他会产生这样的目的动机呢？这是因为他本身具有可以利用的经验。简言之，意义脉络是建立在经验脉络之上的。

实际上，正是由于过去的经验所构成的脉络，形成了“方法—目的”的设计序列。这些经验中包含了由方法实现目的的相关成分。我们的动机形成过程都是以经验储备为预设前提的，我们总是会抱着“把它再做一次”的心态进行活动设计。

活动的设计范围决定了目的动机的意义结构能够在何种程度上回溯到过去。这就意味着，目的动机的意义结构能够在何种程度上回溯到过去是受到设计实效的制约的。因此，除非别人的问题迫使行动者加以考虑，否则不管是行动的目的还是设计活动本身，都会被行动者认为是理所当然的。而当行动者做出理所当然的认识后，他往往会忽略那些重要的细节。在这样的情况下，如果要求行动者回答“他为什么要这样做”时，他要么会以某种动机方面的陈述作答，要么会以某种伪原因的陈述作答。若他思考的是现在的目标，他就会倾向于用前者作答；若他思考的是他以前设计过的目标，他就会倾向于用后者作答。

## 5. 从出生起，我们就一直在选择的路上了

我们的整个人生是一个不断选择的过程。从出生起，我们就一直在选择的路上了。比如一个人很喜欢某种口味的食物，因此他就会在用餐时选择那种口味的食物来享用，久而久之，他便形成了挑食的习惯。当我们渐渐长大，到了入学的年龄，会面临选择学校的困惑。当我们大学毕业，步入社会，又会面临择业的选择。如果我们的志向与工作内容不相符，我们接下来还会面临“理想与现实”的选择。在人生接下来的阶段中，我们会面临配偶的选择、繁育后代的选择、创业的选择、辞职的选择，等等。

我们的选择会对我们的未来产生巨大影响，因此如何做好选择就成了每一个人都会关心的问题。那么在做出选择之前，我们应该从哪些方面考虑，才能确保获得有利的选择呢？我认为，人们应该从以下几点进行考虑：

**首先，我们要明确这样一点，即没有完全正确的选择。**我们几乎每天都在做着人生选择题。但是，这些人生转折点的题目并没有标准的答案，即使我们选择了一条与众不同的道路，这也并不意味

着我们的选择是完全正确的。这只能说明，我们选择了一条与其他道路不同的人生之路。一个人在选择一条道路的同时就注定会放弃其他的道路，因为人不可能走在两条路上。我们无法走我们放弃的那条路，因此，我们也无法衡量哪一条道路才是更美好的。需要特别注意的是，我们不能认为在众多的道路中一定有某一条路是正确的，而其他的都是错误的。这种“非黑即白”的思想并不适用于做人生选择。如果你在做选择前经常抱有这样的思想，那么你往往会认为自己所有的路都是错误的。

**其次，我们在做选择时需要有主见，不能总是听取别人的利弊考量。**须知，并不是所有的利弊考量都是正确的、值得听取的。我们之所以会在选择中迷失自我，一方面是因为我们无法确认自己的选择会给自己带来什么，另一方面是因为各种价值观的碰撞使我们无从进行选择。对于后一种情况，需要予以更深刻的说明。我们经常会遇到这样的情况，比如在准备做人生中的重大选择时，我们往往会听到很多出于关心的意见，比如长辈的意见、父母的意见、朋友的意见等。众说纷纭，每一个人提的意见都似乎是有用的，但是如果全部加以采用，就会发现，我们根本无法做出选择。有的人让我们选择这条路，有的人则让我们选择另外一条路，而我们却无法同时选择两条路，于是没有主见的人在这种情况下就会变得越来越迷茫，他们很可能因为犹豫不决而错失选择的最佳时机。

因此，当我们在做选择之前，不能不考虑别人的意见，也不能一味地去迎合所有人的意见。我们要有选择地听取那些好的意见，同时一定要有自己的主见。我们不能妄想规避选择的所有风险。因为这样的想法不仅无法得以实现，还会影响我们的判断，使我们迟迟做不出选择。在做任何选择时，只有你本身的想法才是最重要的，而这也是你做出选择的最根本依据。别人眼中最美好的生活，对于我们来说，并不一定是最美好的。我们想过怎样的生活只有我们自己知道，不能为了迎合别人的眼光忘记了自己的想法。无论何时，我们的人生只能由我们自己过，而它的决定权和选择权都只能在我们自己的手中，我们必须对自己的人生负责。

在做选择之前，我们要有一定的思想觉悟。而做选择的过程中我们又需要思考哪些内容呢？

在做决定的过程中，我们需要保持好心态，不能被自己的胡思乱想所干扰。良好的心态可以使我们更冷静地分析各方面的因素，帮助我们做出最适合于自己的选择。我们要严肃、认真地告诉自己，无论做什么样的选择，我们都要亲自去决定，并且要为自己的选择承担后果。我们做出的选择可能会产生好的结果，也可能会产生坏的结果，但既然是我们自身的决定，无论结果如何，我们都不应该后悔。做出适合于我们的选择，可以帮助我们更快地走向成功。而当我们的选择给我们带来失败的时候，我们也应该坦然地面对它，不逃避、不气馁，勇敢地站起来，重新开始努力。

当我们毅然决定为自己的选择承担后果的时候，我们就不会在选择的过程中存在任何畏惧心理，同时我们就会遵照自己内心的想法，思考自己真正想要的东西。特别是在做人生的重大选择时，我们必须谨慎对待，人生只有一次，如果不能认真地想一想自己要过怎样的生活，成为什么样的人就轻易做出了选择，那么我们的人生就会出现许多不可挽回的遗憾。为了我们的选择，我们要甘愿承担风险，同时，我们也要思考我们所付出的一切到底值不值得。

要做出符合自己心意的选择，首先要真正地了解自己。有些人之所以会在做选择的过程中十分纠结，是因为他们并不知道自己的选择是否适合自己。既然我们不能随意做人生中的大选择，我们不妨去做一些小尝试，通过小尝试去感受每一种选择的可能性，看一看它们到底适不适合自己。在这样的小测试中，我们可以不受约束和各方面的限制，一切由心而发，这样更容易帮助我们了解自己的心意。当我们真正了解自己之后，再去做那些重大的选择，这时我们就会更加游刃有余。每个人所擅长的东西往往是不同的，只凭借一时的激情去做选择是不明智的，要想获得成功，就需要将自己所擅长的与所喜欢的相结合，做出真正符合自己心意、真正适合于自己的选择。

凭借毫无根据的幻想去做选择是人生中的大忌。因为只是幻想是没有用的，纸上谈兵、夸夸其谈的人只能活在自己的梦境中，永远也经受不住现实的考验。在选择的过程中，要多问一问自己，查一查相关的经验，了解一下智者的意见。虽然，每个人所走的路都是不同的，但有些选择却是人们都做过的，去询问一下过来人的想法，参考一下他们提出的意见，再结合自身的特点，明确自己所能承受的利弊范围，最后再去做选择。这样我们就能更加有效地控制选择的失误，极大地提升成功的可能。有些选择不一定立刻就要做出来，对于那些不需要立即做出决定的选择，我们要多了解不同年龄层的过来人的意见，经过长时间的分析，才能给出清晰的答案。

总之，在做选择的过程中，我们一方面可以找真正关心我们的人聊一聊，听一听他们的意见，认真地梳理自己的决定，从而提高选择的科学性；另一方面又可以静下心来问一问自己究竟想要什么，一旦做了决定就不能轻易改变，也不能质疑自己，更不能为自己所做的决定后悔。

在做完选择后，我们同样也有需要思考的地方。有些人认为，一旦做完选择，就可以高枕无忧了。甚至认为自己的选择完美无缺，不需要付出太多的努力就能实现自己的目标了。这些想法过于自负和天真。须知，我们所做的选择只是决定我们的人生方向，如果不懂得在这一方向上努力前行，我们的选择便没有意义。

做完了选择，还要懂得坚持，不能刚刚做完选择，就想重新再选一遍。或者刚做完选择就遇到了困难，于是决定放弃自己的选择。永远记住你选择的理由，只要不忘初心，坚持前行，即使前方拥有无数艰难险阻也无法阻挡你迈向成功的脚步。成功的路上不总是一帆风顺的，不经历痛苦，不挥洒汗水，不坚持自己的选择，永远也无法达到成功的彼岸。有时候，我们的选择会违背社会公认的价值观，但是请不要放弃，更不要随便怀疑自己。只要你的初衷是好的，你就不应该受外界的影响。不忘初心，始终如一，坚定地朝着选择的目标前行，世界上就不会存在那么多的失败，也不会存在那么多的追悔莫及。

物以类聚，人以群分。多和与你志同道合的人交流，多向与你选择同一方向的成功者“取经”，你不仅可以从他们那里学到很多成功的知识和经验，还能从他们那里得到巨大的精神力量，激励自己不断向成功迈进。

对于那些被你放弃的选择，你应该全然忘记它们，既不要在内心耿耿于怀，也不要过多地恋恋不舍。既然做出了选择，就不要后悔，也不要抱怨。不要对自己说：“我之前要是能选择……就好了。”这种内心独白只能成为你的障碍，是一种极不负责任的话语。但是，并不是说所有的选择都应该不假思索地坚持。有时候，我们确实在进行选择时有所失误，等到很久之后，我们才发现这种选择并不是自己真正想要的。这时我们就不能过分犹豫，在还未受到实质性的伤害之前，立刻重新进行选择。

人生的道路变化莫测，真正有梦想的人往往不喜欢做选择题，而喜欢做证明题。一旦坚定了自己的内心，他们就会拼尽全力证明自己所选的道路是正确的。如果你知道自己内心真正想要的是什么，那么你大可不必纠结于是否进行选择。只要朝着你心中所想的方向前进，不用选择，答案自在你的心中。若你做了选择，你就应该在选择之后，永远记得坚持，只有不忘初心，才能在成功的路上安然前进。

# 第六章

# 我理解的这个世界和对这个世界的认知

人类是群居性动物，人们共同生活在社会这个大家庭中，因此人的一切作为往往离不开他人的帮助。无论是帮助他人还是获得他人的帮助，我们首先都应该做一件事情，那就是理解他人。因为如果我们不理解他人就去帮助他人，往往可能“好心办坏事”，这样不仅不能帮助他人，还会适得其反，遭人怨恨；而如果我们不理解他人就试图去获得他人的帮助，同样会使我们陷入困境，比如我们会影响别人的工作，遭到他人的厌恶和反对等。

我们生活在一起，并建立起一系列的联系，通过这种联系使我们相互影响，相互作用，我们称这种联系为人际关系。人际关系是人类重要的社会关系之一，这种关系可以左右一个人在众人心中的地位，对人的成功起到重要作用。一般来说，拥有良好人际关系的人通常能在事业上取得成功。而如何才能获得良好的人际关系呢？答案是理解他人。理解他人不仅仅要求我们要真诚待人，还要求我们要注重方式方法。如果能掌握这门技能，我们就能在人际交往中游刃有余，不仅可以更容易地获得成功，还能够得到他人的认可和尊重。

## 1. 理解别人时，需要在内心中对别人进行系统的解释

动机的形成脉络也就是我们行动的意义脉络。我们行动的真正动机决定了我们行动的意义。为了弄清我们行动的动机，需要先来分析以下几种陈述：

因为我想与女友见面，所以我走出了房门。（目的陈述）

我之所以走出房门，是因为我希望与女友见面。（伪原因陈述）

我们已经对目的陈述和伪原因陈述做过具体的解释，因此知道伪原因陈述可以在一定程度上转译成目的陈述，就像上述两个例子。现在我们再来对伪原因陈述与真正的原因陈述进行区分：

一个人为了谋财而去偷东西。（目的陈述）

一个人之所以会去偷东西，是因为他受到了不良伙伴的影响。（真正的原因陈述）

由此可见，真正的原因陈述与目的陈述处于不同的层次上，所以它是无法被转化成目的陈述的。在这一原因陈述中，活动的设计过程不同于以将来完成时态进行的设计过程，因为两者的结构是不同的。第二种陈述意在选取一个过去的事件与比它还早的事件联系起来。因此，这里的意义脉络与第一种陈述的意义脉络是截然不同的。根据第二种陈述的特点，我们可以将其所具有的意义脉络称为“对行为的说明”。这里所说明的是：这个人过去的经验对他造成的影响，这种影响致使他更倾向于通过暴力来获取财富，而不是通过诚实劳动来获得

财富。所以这两种陈述所表达的动机的区别在于，前者是根据行动者的设计来说明活动的，后者是通过行动者过去的经验来说明设计的。

我们不妨再举一个例子：

我之所以打开我的伞，是因为天在下雨。（伪原因陈述）

从这一陈述中，可以看出我表达了某种伪原因动机。我可以将这一陈述翻译成以下目的陈述：

我打开了自己的伞，是为了避免自己淋湿。（目的陈述）

通过这一陈述可以看出，这种表达的设计中隐含着这样的信息，即穿着湿漉漉的衣服会使人难受，这一点对我来说是理所当然的。所以，我之所以会设计这种活动，是为了使自己避免陷入难受的境地。而如何通过将来完成时态来设计这种活动呢？我们可以这样表达：

如果我打开了自己的伞，就可以避免衣服被淋湿的困境、避免使自己难受。

由此我们应该能够明白，要想理解别人的某一种行动，就需要将这一行动放在行动设计的意义脉络中来加以理解。因为通过其设计的意义脉络，我们就可以通过单一的方式将这种活动看作一个统一的整体。实际上，以上的这种设计是建立在“下雨时打开伞，就可以使人保持干爽”的意义脉络基础之上的。在过去，我已经经历过很多次我所陈述的这种真实情况，所以对我来说，这种行动是理所当然的。

我们还可以用一种真正的原因动机的方式进行表述，即“我之所以会打开伞，是因为天正在下雨”。当然，对于这种动机，我们还可以用一种更为详尽的方式进行描述：一开始，我看到雨水从空中洒下，于是，我感到自己会在雨中被淋湿，而湿漉漉的感觉总是令人感到无比难受。为了避免这种感觉，我准备了一些预防性措施，即打开自己的伞避雨。这就是打开我的伞有关的设计过程。可以看出，只有真正的原因动机才能激发出这样的过程。当这个步骤完成时，这样的活动就会被目的动机激发出来。在这里，我是将目的动机当作设计基础运用而构造出来的。在这种目的关系中，已存在的设计是激发行动的因素。从时间角度出发，可以看出，在这种设计之前就存在的体验才是激发这种行动的因素。因此这就是两种陈述之间的本质性区别。

我们的行动是由设计而得到预期的，也是通过将来完成时态而得以描绘的。这种目的陈述与原因陈述之间的差异在于："打开我的伞"的设计不是导致这一行动的原因，而是一种被幻想出来的预期。反过来的描述就是，这种行动可以促成或不能促成这一设计的完成。与之对照的是，我对雨的感知不是设计得到的，而是通过我的意向性活动得到的。具体来说，我将自己的意向转向了过去经验所具有的总体性复合体，因此才得到了对雨的感知。

我通过对以往体验的反思，了解到淋雨会使人感到难受。我将自己对雨的经验看作一个整体，由这个整体我可以得出对淋雨的判断。在原因动机形成的过程中，发挥激发作用的体验和被激发出来的体验都具有过去的时间特征。而那些被激发的体验只有在被当作已经完成的东西时，我们才能对其原因进行系统的表述。同样，我们在理解别人时，就需要在内心中对别人进行系统的解释，我们可以通过他的行为解释他的目的，也可以通过他的动机解释他的性格。当我们了解了别人的行为和动机之后，自然就能对别人给予一个合理的判断。

## 2. 理解他人的前提是解释他人的活动

理解与意义是一对相互联系的概念。对我们来说，我们所要理解的对象必定是富有意义的对象。我们希望理解的是对象具有的意义，反之也是成立的，即一个对象能被人所理解，这就说明他是富有意义的。

理解他人的前提是解释他人的活动。我们对别人主观经验的解释被称作解释活动。具体来说，我们所进行的自我说明的过程就是自我理解的过程，我们对他人行为或主观经验的解释过程就是理解他人的过程。

一个保持着自然态度的人要如何理解这个世界呢？以我自身为例。假如我想要理解这个世界，那么我就需要对我自身所具有的有关这个世界的各种体验进行解释。我要用这样的解释来理解这个世界，这便是我理解这个世界最有效的方法。我对这个世界的体验有很多，其中既包括对无数无生命事物的体验，也包括对无数有生命事物的体验；既包括对动物的体验，也包括对人类的体验；既包括对那些作为同伴的熟悉之人的体验，也包括对那些作为路人的陌生人的体验。而无论对哪一类体验进行解释，都意味着我在试图通过这样的方式来理解这个世界。

一般情况下，我们所说的理解他人的概念，其实是指“我”对那些作为同伴的熟悉之人的体验所进行的解释活动。这就是说，“我”是通过解释他人的体验来理解他人的。比如，我之所以会视一个人为同伴，是因为我认识这个人，我知道他是一个具有意识和绵延的活生生的人，而我对这个人的各种体验有所了解，并在心中做出过解释。

毫无疑问，生活在这个世界上的人或多或少都会具有一些观察力。我们可以通过眼睛来观察他人身体上的变化，比如我们从别人的微笑中可以观察到他的快乐，根据别人紧锁的眉头可以观察到他的烦恼等。而对于其他外部对象的各种变化，我们也可以将其当作“他人的身体”来进行观察。我们不仅可以解释那些有生命事物的变化，也可以解释那些无生命事物的变化。我们可以通过解释自身对某些事件和过程的体验来解释这些变化。

同样的观察过程和体验过程，对于不同的人来说，其所获得的感受是不一样的。例如，我在观察到别人哭泣的时候，会将其理解为别人正在伤心；而对于了解事情始末的你来说，这个人的哭泣是由于喜极而泣。我不理解你的这种体验，自然也就不理解你。

为了更加直观地表现这种不理解产生的原因，我假设这个哭泣的人就是你。通过对你的简单观察，我对你哭泣的事实做出这样的判断，即我认为你是因为伤心而哭泣。但是，事实上你是因为实现了自己的理想喜极而泣的。这种体验只有你自己能感受到，我若是不通过进一步的了解是感受不到的。我不了解你的体验的特殊本性，也就是说，我不了解你对这种体验赋予的意义是什么。所以这就导致了我对你的不理解。

然而，我是可以认识你的体验的特殊本性的，或者说我可以通过观察你从头至尾的变化来了解你赋予这种体验的意义。一个人所进行的运动是出于本能反应还是出于某种目的而实行的，我们只有通过这个人赋予这一运动的意义来加以回答。要弄清别人赋予其运动的意义，我们可以从这个人以前经历过的事情着手，或者说从他的经验着手。若他以前也做过同样的动作，我们就可以将这两种相似的动作联系起来，从而实现对这个人行为的理解。比如一个人以前身体瘦弱，于是他便坚持每天早晨跑步；如今这个人身体变得很壮硕，他依然坚持每天早晨跑步。我们通过这个人以前的经验推知他现在跑步的意义是什么，即他以前是为了获得健康的身体才坚持跑步，如今他是为了保持健康的身体而跑步。通过这样的理解，我们就能进一步推知，跑步对这个人来说非常重要，它不仅是这个人的兴趣爱好，还是这个人变得健康、优秀的桥梁。因此我们若想与这个人成为朋友，就应该尊重他的这一运动，不应该随意调侃或攻击他的这一行为，否则便很难与其成为朋友。

当然，我们也可以通过认识别人行动的动机来理解他人。人们很少会去做没有任何动机的事，一旦人们采取并进行了某种行动，往往都是奔着目的而去的。我们了解了别人行为的动机，也就相当于了解了别人行为的意义，而这种意义就是别人自己赋予其行动的。也就是说，当我们明确了别人行动的目的，就能明白其心意。这样一来，我们自然能理解他。但这并不是说，我们了解了一个人行动的动机，就一定能理解他。除了了解别人的动机之外，我们还需要认同他的动机，这样我们才能真正理解他。如果别人行动的动机是我们所不认同的，比如他为了获取钱财而去偷东西，这一动机及其行为违反了社会法律和道德，因此必定是我们所不认同的，因此对于小偷，很多人都对他们抱以厌恶的心态，而这正是无法理解他们恶劣行为的结果。

通过解释他人的行为来理解他人是一个十分复杂的过程。它的过程并不像我们上述提到的那样简单。下面，我将以具体的例子来对其进行进一步的说明。假设我们在与当事者没有任何沟通的情况下，对一个伐木工的活动进行理解。我看到伐木工正在伐木。接下来就其伐木这一行为进行分析：

**对我来说，我所注意到的这一行动只是一个外部事件。**如果我只注意到伐木这一外部事件，只看到一把挥动的斧子和一棵正在洒落碎屑的树木，那么凭借这些我是无法对一个人的内心进行探讨和研究的。伐木就是伐木，如果人不去进行这一动作，机器或者自然力也可以进行这一动作。但是或许运用机器或自然力所进行的这一动作便不是“伐木”了。伐木这一外部事件所具有的意义实则是观察者赋予它的。观察者将伐木这一动作安插到他的经验之中，并依照这些经验赋予其意义，而这便是理解伐木的基础。具体的过程是这样的：观察者看到了伐木的动作，并对其进行多种形式的感知，之后他以这些感知为基础，通过对过去经验的单一回顾，分别对这些感知进行命名。但是，这里的情况是，观察者没有觉察到伐木工，而只是觉察到了伐木的过程。于是，他将觉察到的这一外部事件当成了伐木过程来理解。而这种理解也取决于观察者所能利用的总体性知识。

我们再举一个例子。例如，一个人不了解纸张是如何被制造出来的，这就意味着他无法对与纸张制作过程的各个部分进行分类。因为在他的脑海中根本没有这方面的知识或经验，自然也就给不出合理的解释。同时，他也无法对“纸张的制造”进行系统的表述。我们会把自身的各种体验当作知识来使用。假如我们在过去的某个时间亲自体验过伐木，那么之后再遇到伐木时，我们就会认为这种行为是理所当然的，而不是怪异的、无法理解的。所以通过体验可以获得经验，而经验在一定程度上就是我们用以理解事物的知识。

在第一种情况中，我们只是对伐木这一动作进行理解。现在，我们再来从人的基础上理解伐木的过程。在这里，我们不仅观察到斧头挥动和木屑纷飞的画面，同时还观察到了伐木者的各种身体变化，比如我们看到他满身大汗、气喘吁吁的样子等。这些变化表明了伐木者是一个活生生的、有意识的人。从这个层面上，我们想到了伐木是一种非常辛苦的工作，想到了要伐木就会消耗人的体力。这样我们对伐木的理解就会从一个外部事件上升到一项辛苦的工作。

那么如何理解正在伐木的某个人呢？在这里，问题的注意中心就会转移到行动者身上，也就是伐木工身上。同时，问题也发生了改变。它不再是有关各种外部事件的问题，而是有关伐木工的各种体验的问题。在这种情况下，当我们看到伐木工正在伐木，我们就会自然而然地产生这样的疑问：他这样做是自愿的还是老板逼迫的？伐木的动作是他自己设计的吗？他这样做的目的是什么？他这样做对他来说有什么意义？可以看出，我们在这里所提到的问题既不涉及伐木情景的真实性，也不涉及伐木工人身体方面的运动。事实上，无论是这些外在的事实性，还是身体方面的运动，我们都是这样来理解它们的，即把它们当作正在被观察的人的各种体验。观察者所希望了解的是这些事实和身体运动背后的东西，而这才是名副其实的对他人的理解。

## 3. 把自己放在别人的位置上

当我们想了解一个人的时候，最好的途径就是与他进行面对面的沟通。而对于一个刚刚见面的人，如果我们依然这样喋喋不休或刨根问底，那么别人就会认为我们在无理取闹。在这样的情况下，我们很难与他们进行有效沟通，还何谈去理解他们呢？

我们要对这种情况进行深入的分析，即我们要在不包含任何沟通的情况下对他人的行为进行理解。当我看到一个人正在树林里伐木时，我希望弄清这个人当时的心理状态。或者说出于好奇心，我想了解这个人为什么要伐木。如果上去向他直接询问似乎有些不礼貌，因此我并不打算这样做。也就是说，在对这个人一无所知的情况下，我要根据我所看到的一切，来对伐木工的行为进行理解。现在我要对自己一系列的感知过程进行解释。我将这个人想象成与我面对面交流的伙伴，通过他身体各方面的运动，我可以做出这样的判断，即他正在进行一种名为伐木的行动。而我要对这一行动进行认识和理解。

那么我要如何来认识这位伐木工的心理活动呢？我会以对这些感觉材料的解释为出发点，在我的心灵之中，做出这样的设想，假如我正在做同样的行动，我的内心活动将会如何呢？这就是说，我可以通过换位思考，设身处地地来理解别人进行那种活动时的内心想法。我们要像设计自己的目标那样来设计别人的目标，要像理解自己的行为那样理解别人的行为，这就是我们理解别人的秘诀。当我们想象自己正在做着与别人一样的事情时，我们就可能突然明白别人为何要那样做了。我们要在这一理解的过程中，利用将来完成时态，将这种行动当作已经完成的对象进行设计。在想象这一行动的同时，我们要在常态下保持和再现进行这一活动的过程。在这一过程中，我们应该特别注意的是，我们所想象的行动可以实现我们设想的设计，也有可能我们无法实现我们设想的设计。

当我们在演绎别人的行动和目标时，我们也可以回忆一下自己在过去是如何进行类似的行动的。理解他人时，我们站在别人的角度来审视别人；理解自己时，我们也可以站在别人的角度来审视自己。

我们把自己放在别人的位置上，然后将自己的体验与别人的体验等同起来。在这里，我们似乎犯了这样一个错误，即我们将自己的体验当成了别人的体验来解读，所以最终我们发现的只是自己的体验而已。从原则上来说，我们赋予行动的那些意义都是较为主观的，这就意味着只有我们自己才能理解这些意义。这是一种错误的移情理论，这种理论的错误在于以下两个方面：首先，他人自我的构造过程与我的是不同的，而这种移情理论却在我的意识之中将他人自我的构造过程呈现了出来，这样一来，我就会将自我变成他人知识的来源。如果按照先验学的理论，我们完全可以在自我意识中发现他人自我的构造过程。当我们在不通过任何沟通的情况下来对他人的行动进行研究时，我们所判定的有关这些行动的一切都包含在了自我变形之中。

所以，严格来说，我是通过想象按照设计自己的目的动机的方式来设计别人的目的动机的。然后，我会将这些被幻想出来的行动过程当作解释他人体验时所使用的图式加以运用。但是这种解释是一种事后的解释，我们只是对他人的已经完成的行动进行了反思性的分析。而当一位观察者直接观察他所关注的那个人时，情况便发生了改变。这时，观察者就会按照自己的意向前进，而不是以回想过去经验或想象某种经验的方式前进。他人的行动会直接在观察者的面前展现出来，这就意味着观察者与被观察者的行动是始终保持一致的。在这种同步过程中，观察者会不断地将自身的经验与被观察者的经验等同起来。

在研究中，从始至终我们都做了这样的假定，即观察者所获得的全部材料的来源都只是他人身体方面的运动而已。然而，这种假定的弊端是显而易见的。如果我们只是单独地看待这些身体方面的运动，那么这些运动必定会被我们孤立，我们会使这种运动脱离它原来的位置，也就是脱离它在被观察者经验中的位置。这种意义脉络无论对观察者还是被观察者来说都是同等重要的。如果观察者没有其他可利用的材料，那么他完全可以利用以下的方式来理解他人，即他可以采用观察他人身体运动的心理印象来理解他人。观察者会这样思考：我所观察到的别人身体上的运动给我留下了这样的心理印象，那么在相似情境中，我会采取怎样的行动，会产生什么样的感受呢？观察者会将对他人行动产生的印象适配于自己想象的行动，从而完成对他人的理解。如果观察者对观察对象的过去有所了解，或者对观察对象的行动计划有所了解，那么他就能得出有关观察对象的更可靠的结论了。

让我们重新回到伐木工伐木的例子。假设我们事先就知道这位伐木工每天都在伐木，那么我们对他伐木的行为就会产生这样的理解，即伐木只不过是他日常的工作而已。如果这个伐木的人以前并不伐木，只是在生病之后，他才这样做，那么观察者自然可以做出以下的猜想，即这个人是想通过伐木锻炼身体，以使自己获得一个健康的身体。也就是说，对于观察者来说，了解这位伐木工是在做日常工作还是在锻炼身体是非常重要的。只有在这种更加宽泛的脉络中，我们才能建立起一个有关被观察者的主观经验的适当模型。所有类似的行动构成了一种行动的统一体，我们从这类行动中的一种就可以推知另一种行动的情况。而这些行动都是被设计出来的，我们设计这些行动的跨度或者说范围决定了这些活动的多少。行动的统一体也可以被当作设计的跨度来理解，因为两者在功能上是一样的。

观察者若仅是从所观察到的身体运动出发，则只能推导出这些运动的运行过程。为了避免对他人的行为做出不适当的解释，观察者必须根据自己所具有的有关这个被观察者的知识，把所有使这些运动变得可理解的意义脉络都变成自己的。

## 4. 两种理解方式的碰撞——主观和客观

如何真正理解他人？对于这一论题，有着不同的探讨方式，比如解释者既可以从已知的有关他人的身体经验出发进行探讨，也可以从已知的有关各种人工制品的经验出发进行探讨。无论在哪一种情况下，要想真正理解他人，解释者都需要解释一些能展示他人的主观经验的客观化过程。

如果解释者想对他人的身体有所了解，那么他就需要解释某个人身体活动的客观化过程。而要想解释清楚这一过程，就需要涉及这个人的各种运动、姿态或行动的各种结果。当然，在这一过程中也可能涉及一些人工制品，包括人造的“信号系统”（如语言信号、非语言信号）、各种工具、各种历史遗迹等。但无论这种客观化过程可能涉及哪些内容，它都是由人的理性行动的结果构成的，也就是说，它们都是人类行动的产物。因此，它们都能作为一种强有力的证据，来揭示行动者曾经在心灵之中发生的事情。

我们可以通过研究墙壁上留下的“图画”信号来了解远古人的生活状态，这其实就是通过人造信号来了解他人的典型案例。但是，有一点我们必须进行强调，即我们用以了解他人的那些证据并非都是信号，但所有的信号都可以成为我们了解他人的证据。而要想使一种证据变成信号，这一证据就必须变成信号系统的某个部分。然而，现实中用以了解他人的很多证据都无法达到成为信号的标准。比如通过研究一种工具，我们能够了解其制造者在制造它时心灵中所发生的事情，但是这种工具只能作为我们了解他人的证据，却不能成为一个信号。

在我们的生活中，类似证据还有很多，我们不仅可以将一些已经制造出来的设备当成了解他人的证据，还能将他人的思想判断、沟通活动中获得的信息内容等也当成这种证据。

通过这些证据，我们便可以对与主观意义和客观意义有关的难题进行研究。对于一个拥有既定产物的人，我们既可以通过对其产物进行主观意义的解释来了解这个人，也可以通过对其产物进行客观意义的解释来了解这个人。因此，我们想要了解任何一个人都至少有两种方式。

例如，我想了解一个建了一栋房子的人，于是我就会通过站在不同角度解释这栋房子来了解这个人。首先，我将注意力集中在这栋房子所呈现的状态上，我发现这栋房子是按照城堡的样子建造的，其所传达的理念是高大。也就是说，我注意到这栋房子呈现出两种状态，一种是城堡的样子，是真实存在的；另一种是高大的理念，是观念性的，而无论这栋房子所呈现的状态是真实存在的还是观念性的，它都是不依赖于它的制造者而存在的。我会根据我的经验思考这样的问题：什么样的人想要建一座城堡呢？若我认为拥有国王梦想的人会建城堡，那么我就会将建造房子的这个人当作一个拥有国王梦想的人，然后完成对他的理解。或者，我也会根据自己的经验思考什么样的人才会建设高大的房子，若我认为只有住惯了小房子的人才会这样做，那么我就会将这个人当成一个住惯了小房子的人，然后完成对他的理解。

由此可见，在这种情况下，我是把自己所具有的有关这个对象（房子）的各种经验纳入了我现有的解释图式中。这就是在客观意义上对他人的理解。

另外，还存在着这样一种情况：我把注意力集中在我所要了解的这个人身上，然后将房子当作制造者在制造它时内心所思所想的证据来看待。我会思考：这个人一定拥有国王梦想，所以他才会将房子建成城堡的样子。他所建造的拥有城堡样子的房子，就是证明他是拥有国王梦想的人的证据。于是，我便以这种方式完成了对他的理解。在这种情况中，我将注意力集中在了生产者的意识所进行的各种构造性活动上。而这就是在主观意义上对他人的理解。

通过上述的例子，我们可以总结出主观意义与客观意义的关系：

在谈论主观意义时，我们会将所观察的产物包含在生产者心灵中的意义脉络里。而要认识这种产物的主观意义，就需要借助我们自己对相同生产活动的经验。

我们随时都在观察着他人的各种体验，观察它们被逐步构造出来的过程。对于他人的那些产物，我们完全可以将它们看作这些体验的标示。对所观察的人来说，他的体验都处于某种意义脉络中，而如果想要认识这一点，就需要通过特定的证据，比如我们完全可以将他体验过后的产物当成证据。

与之相反，在谈论客观意义时，我们所判断出的这种产物本身所具有的客观意义，只是这种被生产出来的事物所具有的已被构造出来的意义脉络。在进行这种判断的时候，我们并没有考虑该产物实际的生产过程，而只是把这种产物当作生产过程的目的或结果。也就是说，我们不会将看到的产物当成其生产过程的组成部分，而是将它看作过去某一事件的过程。但实际上这种产物不是一个事件，而是一个存在物，一个能够显示生产者心灵事件的存在物。

因此，解释者利用自己心灵中所包含的意义脉络来对人工制品进行理解，他所得到的便是客观意义的解释，而当解释者指涉的是存在于生产者心灵中的意义脉络时，他所得到的则是主观意义的解释。

## 5. 最好的理解是读懂别人想要的表达

从一个人的行为中，我们可以了解许多信息，包括这个人的目的、兴趣、个性、心情等。因此，如果我们能够将人的行为研究透彻，那么我们很容易就能通过观察人的行为来对其进行了解。

要研究人的行为，我们首先需要将它们进行分类。在这里，我们将人的行为分为两类。第一类是行动者为了改变外部世界进行的行动；第二类是行动者为了表达他的各种主观经验进行的行动。我们称后一种行动为“表达性行动”。

一般来说，表达性行动就是行动者将自己的各种意识内容投射出去的行动。而其采取这一行动的情况大致有两种：一种是为了避免遗忘自己的意识、灵感、思想和创造成果等，行动者会以某种表达行为将它们记录下来留作日后使用，比如写日记；另一种情况则更为常见，即行动者为了就某些问题与他人沟通而采取的表达性行为。

从这两种情况中，我们可以观察到两种被设计的行动。正是由于意识到了某些东西并先把它传递出去，行动者才会进行这种表达性行动。更为确切地说，这种行动的目的就是将行动者意识到的东西表达给别人或以后的自己。

为了获得更深入的研究，我们还可以将表达性行动进行更为细致的划分，比如可以将它划分为“表达性活动”与“表达性运动”。从前面的意义出发，表达性活动更接近我们所说的表达性行动，因为它们的性质基本相同，都具有明显的目的。而表达性运动则不具有明显的目的，它既不是为了某种沟通而存在，也不是为了表达某种思想以留作日后自己或他人所用而存在。它的存在不存在任何设计，也不存在任何目的动机。我们日常的对话过程中都有这种表达性运动的影子，比如不包含任何明确意向的姿态、不具有清晰目的的面部表情等。

对一个观察者来说，被观察对象是作为一个表达域来呈现给他的。观察者通过这种表达域就可以“观看”被观察者的经验流或意识流了。那么要如何实现这种“观看”呢？答案是观察他人的表达性运动和表达性活动，并把这两者都当作有关他人体验的标示来看待。

然而，我们在进行这种“观看”的同时，还要进行以下的考虑：

假如我正在观察你的行动，我把你的一些面部表情、感叹词和非理性运动都当成了你发怒的标示，于是，我判断你正在发怒。但实际上，我的解释过程还可以用另外一种方式加以解释。我可以将这种解释和判断当成一种自我阐述。在这一解释过程中，我利用自己内心的有关你身体的各种经验。我之所以这样判断是因为你以前处于这种状态时，你告诉我你很愤怒。现在，我只是把我对你的这些经验进行了重新安排和分类而已。

然而，我的这种解释并不一定正确。什么时候我才能真正确定你在发怒呢？为了真正了解你，我加深了对你的注意，每天与你形影不离，并把自己与你紧密地联系在了一起；这样经过长时间的观察，我认为我所具有的有关你的主观经验与你的主观经验完全可以实现同步流动了。于是，在这个时候，我才真正地把握了你的愤怒。这种理解他人的过程之所以能够实现，是因为我曾经经历过与你相似的经验，我也体验过这种情况下的愤怒。

在这里，我是观察者，你是被观察者。而对观察者来说，你的表达性运动进入了某种意义脉络，于是，我把这些表达性运动看作有关你的各种体验的标示。事实上，在你行动的过程中，你无法注意到你的那些表达性运动，因此你也无法在它们发生的时候赋予其意义。

由此可见，你的表达性运动对我来说具有意义，而对你自身来说不具有任何意义。引申到观察者与被观察者身上就是，被观察者的那些表达性运动对观察者来说是有意义的，而对其本身来说是不具有意义的。

正是由于这一点，我们才能将表达性运动与表达性活动区分开来。因为表达性活动对于被观察者，或者说对于行动者始终都是具有意义的。与表达性运动相比，表达性活动是真正的沟通性活动，因为它们都是以解释自己为目标的。

解释者在观察一项行为时，这项行为本身并没有给予解释者以任何提示，或者说它并没有向解释者提示它是属于一种表达性运动，还是一种表达性活动。所以解释者要想了解这项行为的性质，就需要求助于一些不同的经验脉络。例如，一个人在生活中的表演或许与演员在舞台上的表演并无不同。而产生这种看法的原因在于，我们将舞台演员的各种面部表情和姿态当成了一套信号来看待，而这些特定的信号可以被演员用来表达某些特定的主观经验。

但事实上，如果我们无法注意到一个人在日常生活中的那些与其直接运动不同的因素，我们是无法确定他是否是在表演的意义上进行活动的。他可以出于各种目的进行那种类似表演的活动，比如他可能为了表达自己的观点而模仿某个伟人，为了取悦我们而扮演小丑，为了向我们乞讨而装作可怜的样子，等等。

要想深入理解他人，观察并理解他的各种表达性活动是非常重要的。因为这些表达性活动直接包含了表达者的意图和其所想表达的东西。虽然通过观察别人的表达性运动也能在一定程度上理解他人，但观察者在对他人的行为进行判断的时候，往往会掺杂自己的一些经验，也就是说，其中必定包含了或多或少的猜测成分。因此通过表达性运动来理解他人通常是不准确的。表达性活动是一些姿态、词语，还是其他人为之物，并不重要，重要的是我们要看清这些活动的指示性作用，要清楚与其有关的信号系统，只有这样，我们才能知道它们所表达的意思。

## 6. 那些意有所指的语言“信号”

日常生活中，我们会遇到许多符号，比如数学符号、语言符号、标点符号等，由于这些符号都有标示作用，都能代表某种对象，所以我们又将这些符号通称为“信号”。不同的符号之间是有一定体系的，而我们又把这些体系称为“信号系统”。研究信号和信号系统，有利于我们更好地理解他人。举例来说，聋哑人士之间在进行交流时，通常会用到一种特殊的语言，即“手语”。而手语其实就是一种信号系统。在这个信号系统中，每一个手势都是一个信号，而每一个信号都标示了特定的东西，或代表了特定的意义。同样地，当普通人之间进行交流时，他们也会运用手势、表情等身体动作，这些身体动作各具含义，就像是一个个信号。而理解这些动作或信号有助于我们更好地理解他人。

虽然信号具有标示作用，但严格意义上来说，它们是不同的两个概念。我们可以用符号来解释信号，用征兆来解释标示。标示指的是某种对象或事态，而信号指的是具有意义的符号。我们可以用某种对象或事态来标示另外一种对象或事态，而存在于这种对象或事态以及另外一种对象或事态之间的是一种形式上的一般性联系，它们之间没有任何逻辑性的存在。

生活中用作标示的东西很多，包括有生命的对象和无生命的对象，它们都可能作为标示发挥自己的作用。一位地质学家可以通过地球表面的某种地质构造来判断一些矿物质的存在，这是因为他将相应的地质构造当成某些矿物质的标示。一位数学家可以通过二次函数图像与坐标轴的交点数量来判断一个一元二次函数的根的数量，这是因为他将这一交点的数量当成了函数根的数量的标示。对于解释者来说，每一种标示与标示物之间都必定具有某种相互关系，也可以称为意义脉络。从这个意义上来看，假如我想了解某个人，那么我完全可以将自己所观察到的有关他的身体运动看作其心灵进程的标示。当然，我们也可以把许多其他概念，比如信号、表达、符号等与标示一一对应起来。

我们已经了解了标示的大致情况，接下来我们再来探究有关信号的内容。我们需要思考这样的问题：在人们的心灵中，信号是如何被建立起来的呢？我们知道信号与其意指的对象之间存在着一种表现关系。对于我们的心灵来说，信号只是一个外部对象。我们在观察这一对象时，不是把它当作一个对象来看待的，而是把它当作另外的某物的代表来看待的。也就是说，我们所要理解的不是信号本身，而是它所代表的对象。

信号只是人类创造出来的一种符号，它不存在于自然界中，而只存在于人们的主观经验中，从本质上来说，它只是一种工具，一种被人们用来表达主观经验的东西。相反，标示在自然界中却普遍存在着。这也是两者的区别之一。

信号是理智生物的一种选择活动，它可以用来标示信号使用者心中正在发生的事情，这被我们称为信号的“表达功能”。由此可以看出，信号可能是一种人造物，也可能是某种被构造出来的活动对象。而人造物与某种活动对象之间的界限不是绝对的，而是灵活多变的。如果信号是一种活动对象的话，比如一个人指向某个方向的手指是一个信号，那么它所指的其实是某种行动的最终结果。我们当然也可以解释为这个人构建了这样一个手势，而这个手势只是一个人造物罢了。因此，一个人的行动不管是作为某种活动对象还是作为某种人造物，是没有什么区别的。

在解释一个信号时，我们没有必要知道是谁曾经创造了这个信号，也没有必要知道哪个人曾经使用过这个信号，我们只需要知道这个信号的意义就可以了。换言之，我们所要做的只是把适用于这个信号的解释图式与适用于它所意味的对象的解释图式联系起来。这样一来，当我们看到某种道路信号时，就可以直接对伙伴说：“现在我们从十字路口向右转。”而不是向伙伴提问：“看，这里有一块木头信号！”或者问：“是谁在这里建了这个木头信号？”

通过以上的论述，我们可以对信号进行以下的界定：信号可以是一些人造物或一些活动对象，在解释信号时，我们也可以根据那些并不适用于它们的解释图式来进行解释。而信号与并不适用于它们的解释图式之间具有哪些联系，完全取决于解释者所具有的经验。

从这一点可以看出，信号与其解释图式之间的适用性是建立在解释者的经验基础之上的。而这种适用性也是一种解释图式，就是我们前面所说的“信号系统”。对于一个信号，我们无论是使用它，还是解释它，都会把它放在与之对应的信号系统的意义脉络之中。

对于信号的意义脉络，我们有时会感到模糊不清，而我们所希望的却恰恰与此相反。因为每一个人在使用或解释信号时，都希望信号的意义联系是独立于它们的实际确立过程、运用过程以及解释过程之外而存在的。严格来说，信号本身之间是不存在各种意义联系的，存在各种意义联系的实则是信号的意义之间。这就意味着这些意义联系也存在于正在确立、使用以及解释这些信号的主体之间的各种经验之间。正是因为这些意义需要通过这些信号才能得到理解，所以信号之间才会具有“信号系统”的联系。

要使信号系统清晰地呈现在我们面前，就需要将信号系统当作一种更加高级的意义脉络来理解。也就是说，它的等级至少要高于存在于我们以前经验中的信号之间的秩序的意义脉络。例如，对人们来说，英语就是每个英语单词所具有的意义脉络；一幅地图的信号系统就是其上的每一个符号所具有的意义脉络；数学符号系统就是每一个算术符号所具有的意义脉络。

认识一种信号从属于何种信号系统是一回事，认识一种信号具体意味着什么则是另一回事。尽管我对数学一无所知，但当我看到算术符号时我也能认出它是一种数学符号；即使我不会玩象棋，我也依然能认识到它是用来玩的。在这些认识过程中，我是先把信号放在我的总体经验脉络中，然后再把它放在信号系统中的。也就是说，我只需要在经验储备中找到这样一个信号系统和与之对应的规则就可以实现理解了。我既不必理解这一信号意义，也不必完全理解与之对应的信号系统，比如在看到一些中文字符时，虽然我不理解它们的意义，但我知道它们都是中文。

已经确定的信号都是富有意义并能被人们所理解的，因为谈论没有意义的信号是没有价值的。而对一个已确定的信号系统来说，一个信号可能是没有意义的。但是这并不代表这个信号与这个信号系统是不相符的。因为说一个信号与某个信号系统不相符，只说明这个信号从属于另一个信号系统。我们也可以赋予一连串难以拼读的字母组合以某种编码的意义，这样当一个人将它按照编码规则拼在一起后，另一个熟知这一规则的人就可以对其进行拼写了。这种信号与信号系统的关系同样也适用于人与人之间。如果我看到一个陌生人紧紧攥起拳头，我会对他的这一行为表示困惑，因为我不知道他的这一“信号”是表示愤怒还是紧张；当我看到一个熟悉的人紧紧攥起拳头，由于我知道他的“信号系统”的规则，所以我认定他现在是愤怒而非紧张的。

所以，当我们想了解一个人的时候，不能仅凭我们的经验去判断这个人。因为我们的经验中包含了许多“信号系统”的规则，而这些“信号系统”并不一定与这个人的“信号系统”相匹配，即使其中有一个是匹配的，我们也不知道哪一个是与之相匹配的。于是，每当我们看到这个人发出的“信号”后，就会以一种模糊的标准去判断他，这样便很难了解这个人。而要想真正了解这个人，就需要找到他的“信号系统”，这样当他发出“信号”时，我们就能用已了解的“信号系统”的规则来解释这一“信号”了。

## 7. 实际的沟通过程都是富有意义的活动

我们已经知道，信号具有两种功能。第一种是它的指示功能。

这一功能意味着我们可以将某一信号放在我们所特有的信号系统中进行排列，也就是说，我们可以把一个信号当作我们经验的一项内容来解释。第二种是它的表达功能。这一功能意味着我们可以探究信号的主观和客观意义。信号的主观意义可以是我自己的，当然也可以是别人的。当我在使用某种信号时，我会通过自己过去的经验把它的意义确立起来，这时信号就拥有了我赋予它的主观意义。当然这种主观意义也可以是别人赋予它的主观意义，而这就需要另外一个人在使用这一信号时，通过回忆自己的经验来确定它的意义，这时这一信号就拥有了别人赋予它的主观意义。

实际上，在解释他人使用的信号时，会涉及关于这一信号的两种意义。一种是信号的客观意义，另一种是信号的主观意义。我们已经解释过信号的主观意义，并知道这种主观意义源自信号的使用者，它可以指任何一个人赋予某一信号的主观意义。那么什么是信号的客观意义呢？所谓信号的客观意义就是指其本身所具有的意义，它属于信号的核心内容，是无法根据人的意志而转移的。

以某段对话为例。当一个人在说出一句话时，他的思想就会在这句话中被确立起来。同时，他的倾听者也会追随他确立这些思想的每一个步骤。需要说明的是，其中的思想并不是一种预先形成的单位，它们都是逐步被建立并得到解释的。说话者的意义确立活动与倾听者的意义解释活动不仅受到对过去对象的记忆的填充和感染，也受到对未来对象预期的填充和感染。之后，说话者和倾听者会分别集中于这两种活动，并把它们当作某种单位进行分析。对说话者和倾听者来说，前者话语的意义都存在于个体语句中，而个体语句的意义都存在于单个词语之中。对两者来说，词语的意义脉络存在于语句之中，语句的意义脉络存在于整个话语之中。

如果一个人正在利用各种信号进行沟通，那么从原则上来说，理解他现在的各种意识活动与理解他其他时候所做出的意识活动并没有什么不同。倾听者在理解说话者语言的时候，需要站在对方的位置上，通过想象他正在选择和使用的信号来对他的思想进行判断和理解。这就意味着倾听者要以解释自身主观意义的样子来解释别人的主观意义。在这一过程中，倾听者会尽可能地在脑中复现他对说话者的认识，包括他对说话者表达习惯和表达方式等方面的认识。而这样的认识是在整个对话过程中建立起来的。

而对于说话者来说，他在内心中也进行着同样的过程。为了使倾听者能理解，他会尽量站在倾听者的角度将说话的词语选择出来，同时他不仅想要表达自己的主观意义，还会试图与倾听者沟通自己的个人态度。他很可能在脑海中把自己的意图勾勒出来，当然这只是以将来完成时态所想象出来的，其意图还没有被清晰地表达出来。需要说明的是，说话者在选择能表达其意图的词语时，不仅取决于他在解释其他人说出的词语过程中所建立的习惯，也取决于他所具有的有关其倾听者的知识的影响。

说话者与倾听者的地位是有区别的。对于倾听者来说，他既可以从所听到的词语的客观意义出发，去尝试发现说话者的主观意义；也可以通过想象说话者在其内心中的具体设计，来确定这种主观意义。但是，倾听者对说话者心中具体设计的认识也是从说话者说出的词语中出发的。说话者是站在现存事物的基础上来描绘未来事物的，而倾听者是站在过去的基础上来描绘过去已完成的事物的。这里还存在着一个不同，即倾听者是从能实现说话者设计的词语或不能实现说话者设计的词语出发，来揭示说话者的设计的；而说话者是从他自己的设计出发，来评估倾听者的解释是否能够帮助他理解这种设计的。

说话者选择的那些词语可以表达他自己的意义，也可能无法表达他自己的意义。而倾听者也可以怀疑自己对说话者是否进行了适当的理解。对于倾听者来说，说话者的设计是建立在不断的想象与重构过程中的，因此它必定是模糊和不确定的。

为了更好地说明我的意思，我们可以参照以下对话来进行理解：

在两个人面对面的交流中，说话者与倾听者所要考虑的事情各不相同。在未说话之前，说话者可能预测对方准备对自己说的话，然后根据这一猜测，他会选择所要表达的措辞。这就是说，说话者所要考虑的是对说话内容的设计。相反，倾听者所要考虑的是如何根据说话者的主观意义来解释他的话。这两种情况都包含了对他人的图式的意象性参照。

说话者会根据自己的解释图式选择将要说出的内容，他的这种解释图式包含了两个部分：第一部分是根据自己对词句的解释方式来选择所要表达的内容，第二部分是根据他所具有的有关倾听者的解释习惯的知识来选择所要表达的内容。也就是说，他既要考虑自己想要表达的东西，又要考虑倾听者是否能听得懂。

当我给某人写信时，我会站在收信人的角度解释这封信的内容。除想要表达自己的意思外，我之所以用那样的词语和句子，还因为我是站在别人的角度进行措辞造句的。因此，这封信中既包含了我的主观意义，又包含了某种客观意义。不同的倾听者对词语和句子的习惯性反应是不同的，我可以根据不同的倾听者及其对语言的习惯性反应，来判断他是否会误解我的意思，或者来判断他是否能理解我的思想。

相反，收信人在看到我写的信时，他可能会想象自己在写这封信的情景。他会尽可能地猜测信中语言的意向，在与语言实际的命题内容进行比较之后，来判断写信人的意向。读完信后，收件人可能得出以下结论：“我知道他的意思，但是他写的东西却没有准确表达这种意思，如果我是他我就会这样写……”他也可能这样自语道：“虽然我的朋友总是喜欢用一些稀奇古怪的语言，但我知道他的意思，因为我了解他。如果换其他人来理解这封信，他完全会不知其所云。”在这里，收信人对信的内容进行了三种解释。第一，他会站在客观的角度，利用普通的解释习惯对信的内容进行解释；第二，他会根据自己对写信人的了解对信的内容进行解释；第三，他会猜测普通人对这封信的理解是怎样的。

不管是使用信号还是解释信号，这些考虑都是适用的。说话者与倾听者都会根据自身有关对方的知识进行相关信号的使用和解释。因此，与倾听者的熟悉程度决定了说话者是否会使用某种语言，与说话者的熟悉程度决定了倾听者是否会以某种方式来解释这种语言，而这种熟悉程度主要源自我们的直接经验。由此可见，实际的沟通过程都是富有意义的活动，我们必须对其进行客观公正的解释。只有这样，我们才能以较为公平的方式来理解他人。

## 8. 如何用世界的眼光理解他人的行动

如果说其他人的行为背后具有某种主观意象的意义，那么这就意味着他人的自我是可以被认识的，进而也就意味着在我们认识他人的自我之前，其自我就已经存在了。我假定他人的自我是存在的，然后再弄清楚这种自我的行为究竟具有什么意义，这就是认识他人自我的一般过程。在这个认识过程中，我会利用认识自身行为的那些方法来弄清楚别人行为的意义，这样才能在需要的时候有充分的理由去询问别人的行为究竟表达什么意思。

然而，需要强调的是，一个人行为的主观意义与观察者所理解到的那种意义并不是完全一致。如果我能像接近自己的体验一样接近另一个人的体验，那么他所预期的行为的意义就会很容易在我观察他的行为时显露出来。这样一来，我所能感受到的只能是他主观地赋予自己行为的那种意义，绝不可能体验到某种客观的意义或是其他别的意义。但事实上，这种由一个人探知另一个人经验的过程与我们的意识特征并不一致，也是根本不合法的。

对于我们来说，如果另一个人的身体及其各种变化和运动是一开始就给定的，那么我们便能据此假定他的内心世界和他本身的存在了。由此我们就可以得出这样的结论：其他人的心灵是我们无论如何也无法经验的，我们所能经验的只是各种物理对象而已。站在科学的角度去审视“他人心灵”这一概念，可以发现，它在认识论中完全是多余的。所以，有关他人的各种描述在科学上也都是没有任何意义的，它们本身并不具有经验内容。站在这种立场上，就可以发现这样的事实：对于我来说，我自己的行为是我的经验给定的，而其他人的行为却不能作为他们的经验而给定。因此，他人的行为只能作为物理事件中物理对象的各种变化而给定。如果将这种物理对象当作一个人的身体来理解，那么在此之前我一定早就已经将这样的身体当作他人存在的证据了。

一般来说，我们只有在直接观察到一个人的行为并把这些行为都当作物理事件来看待时，才会对这个人身体的存在有一个鲜明的认知。我们认识他人行为的方式不仅仅局限于观察他身体各方面的运动，还包括感受他身体运动所造成的各种结果。比如别人身体运动所产生的声波、致使其他对象发生的变化等都能成为我认识他人行为的依据。只有通过这样的方式，我们才能了解什么人做出了什么样的行为以及使事物产生了什么样的变化。这样一来，可以确定的是，外部事物都是可以被我们理解的，它们本身也都是富有意义的。但是，我们通过观察别人行为而悟出的意义与行动者自身所想的意义并不一定完全相同。行动者所赋予其行为的主观意义，在外部世界中经过了一系列的客观化过程后才被我们所了解，在这种变化过程中，这种意义一定会有遗漏或补充，因此我们所了解到的那种行为的意义只是其本来意义的标示而已。

一个对象或事态的存在被一个人认识之后，它也能向这个人表明其他对象或事态的存在。也就是说，如果一个人通过了解某个对象而对其建立了信任感，那么他也可能会以此为依据，对他后来所了解的同类对象建立信任感。举例来说，如果一个人通过观察另一个人的行为，了解到后者是一个诚实可靠的人，并对他建立了信任感，那么这个人就可能对这个诚实可靠者的朋友也建立同样的信任感。这个人会通过这个诚实可靠者来推知其朋友的品性，当然，这个人也可能由这个诚实可靠者推知其反对者的品性，从而对这个反对者产生怀疑感。

一个人的身体是他生理和心理的统一表达体。也就是说，通过他的身体，我们可以看出他是否健康以及他所具备的心理状况。他人的每一种行动其实都是其经验的表达。一个人可能因为恼怒而脸红，同时一个人也可能因为羞愧而脸红，因此，单凭脸红这一个证据我们很难看透这个人的内心状态。但是，我们可以通过他接下来一系列的行为来判断他的心理状态，比如如果我们发现这个人抿着嘴、双手捂着脸，那么我们就能判断出他是出于羞愧而脸红；而当我们发现这个人双拳紧握、牙关紧咬时，我们就能判断出他是出于恼怒而脸红。

人身体方面的各种变化可以当作主体的内在意识的表达，因此通过我们身体的各种变化可以揭露我们的内心状态。但是，当我们看到伐木工在砍伐树木时，却不能单纯地认为他们正在发泄自己内心砍伐的欲望。砍伐行为表达了伐木工的某种意象，这种意象是一种消息，了解这种意象，就需要接收这种消息，因此就需要消息的接收者。如果消息的接收者曾经设想过这种行为所表达的东西，那么他就能轻车熟路地看透这种表达并理解伐木工砍伐的意图。因此，试图通过观察他人的行为来获取他人的意图是有前提条件的，这个前提条件就是经验。相比于一种陌生的表达行为，我们更容易理解那些我们早已见证过的行为，这一点毋庸置疑。

一个人行为的表达领域只局限于他的经验吗？还是说只局限于他主观预期的那些意义呢？生活中，我们总是很相信自己的判断，试图通过他人的一言一行来了解他人的内心。当听到一个人的笑声时，我们会理所当然地认为他是快乐的；当看到别人眼中的泪水时，我们又能据此了解他的痛苦和悲哀。从别人的脸红，我们能了解他的羞愧；从别人伸出的双手，我们能了解他的诉求；从别人示爱的表情，我们能了解他的爱；从别人的咬牙切齿，我们能了解他的愤怒；从别人紧握的双拳，我们能了解他的恐吓。同时，我们又能从别人的语调中了解他思想的要旨。我们似乎无所不知，但前提是我们必须能感知到那些指示性的东西。只有这样，我们才能根据它们进行判断，不至于与事实相差太多。

我假设以上的所有假定都是正确的，我们确实可以通过别人的外在行为来了解其内在心灵。如此一来，我们就能发现，别人意识中的快乐、痛苦、羞愧、诉求、爱意、愤怒以及恐吓可以通过外在行为表现出来，我们可以通过内在感知活动不需要推理就能将它们判断出来。通过这种假设，我们可以得出这样的结论，即他人行动的主观意义也是可以通过这种方法来被我们知悉的。但是，我们真的可以直接觉察到这些行为背后的意向吗？如果别人赋予自身行为的主观意义仅仅表示他对自己行为的表面态度，那么这种表面态度是完全可以被我们直接觉察到的。我们甚至可以通过某种简单的内在感知活动直接看出别人的这种态度。

然而，如果他人行为的主观意义指的是“为什么他会展示自己的态度”，比如别人通过攥紧双拳来进行恐吓，其主观意义在于他想要迫使我们做一些非理性的行动。在这种情形下，如果我们依然认为这种主观意义可以被直接表现出来，进而轻易被我们所感知，那么这便是错误的。

对于我们来说，如果一种身体上的运动被我们感知为恐吓的话，那么这种运动就是直接给定好了的。这时，这一动作就会成为一种客观的事态，它已经被赋予了意义，不需要通过解释，只需要看到它，我们就能知道它所表达的是恐吓的意思。

举例来说，当别人向我挥动拳头时，我会将这一动作理解为“他在恐吓我”。这样一来，当另外一个人同样向我挥动拳头时，我便不需要进行判断就知道他在恐吓我。实际上，在我第一次将别人向我挥动拳头理解为恐吓的时候，我就已经为其引进了一个意义脉络。有人可能认为我可以直接从别人挥动拳头的动作中感知到恐吓的意味，但是这只是我主观赋予这一动作的意义，我无法从这一动作中直观地获得别人赋予这一动作的主观意义。

我们在理解别人时，通常会用到两种理解方式：观察性理解和动机性理解。首先是观察性理解。通过别人说出的话，我们可以直接理解他所表达的意思，这是一种观察性理解。通过观察别人的活动，我们可以直接理解其所具备的主观意义，这也是一种观察性理解。再如，我们给出这样一个命题，即“2 × 2=4”这一命题，通过观察这个命题就可以直接理解它的意义。通过观察别人的面部表情、口吻以及一些非理性的行为，我们也能直接进行观察性的理解。通过观察，我们可以直接理解很多人类行为，比如我们可以理解一个工人伐木的动作、关门的动作、用枪瞄准猎物的动作等。人类的各种行动，都可以利用这种合乎理性的观察进行理解。

同时，说明性的理解，或者说动机性的理解也是存在的。如果一个人写出了“2 × 2=4”这一命题，那么我们也可以根据这个人的动机来理解这个命题。这样我们就需要弄清楚这个人是在什么时刻、什么情况下才写出这个命题的。如果我们了解到这个人是为了账目能达到平衡才写出了这个命题，或者为了进行一次科学的证明才写出这个命题，或者为了达到其他什么别的目的才写出这个命题，我们自然能够理解这个命题被赋予的意思。这就是以行为动机为基础的理性理解方式。这种理解的技巧就在于我们需要将那些待理解的行为放置在更加宽阔的意义脉络中进行理解。如果我们知道伐木工是为了挣工资、为了获得木材或者为了发泄愤怒才砍伐树木的，那么我们就能根据他的动机来直接理解他的这种行为。

将特定的行为放置在可被理解的动机形成的序列中，我们就能在理解这种行为的基础上对这些行为过程进行有效的说明。在研究行动的主观意义并对其进行说明时，我们不能单纯地将这种意义看作某一个单一体，而应该将其看作一个丰富的复合体。而这种意义的复合体包含了那种可以解释的、可以理解的以及实际存在的行动过程。

# 第七章

# 人的本质在其现实性上是一切社会关系的总和

人虽然属于大自然，但同时也属于社会，这就注定了人要在社会中同其他同类产生联系。联系的方式多种多样，但联系的技巧却相当重要，这直接关系到人的切身利益。而且，每个人都有需要，在社会还没有形成的时期，人可以依靠本能肆意发泄自己的欲望，并用最野蛮的方式满足自己的需要，但在社会中，却有着诸多限制，如果还是如同原始状态那样行事，反而满足不了自己的需要，甚至会带来毁灭。

在这种情况下，处理好社会关系显得尤为重要，不仅有利于在不损害别人利益的前提下满足个人需要，还能够间接推动社会发展。生在这个复杂的世界，处理社会关系已成为人的必备技能之一，而其中的核心还是要了解人的需求本质，既要了解自己的需求，又要了解他人的需求。

## 1. 建立一定的人际关系，并对世界产生一定的影响

世界上的每一个人都有与别人建立关系的欲望和需求，只是有的人完完全全地表现了出来，而有的人由于各种原因表现得不明显罢了。总体来说，我们可以把人际关系分成三种类型，确切地说应该是三种人际需要，即包容的需要、控制的需要和情感的需要。人际需要在本质上就是个体在欲望的驱使下对于他人建立完美关系的一种渴求。每个人都有三种基本人际需要，而且每一种人际需要都可以转化为行为的动力，建立一定的人际关系，并对世界产生一定的影响。

简单来说，包容的需要就是与其他人交往、接触并包含在群体之中的需要。控制的需要就是被人控制与控制别人的双重需要。情感的需要就是被别人爱与爱别人的需要。人际的需要与动物的需要虽类似但有很大的不同，动物的需要是建立在有机体和客观环境的基础上的，而人际的需要则决定着个体与社会环境的关系；前者的需求如果不能满足，会导致生命体罹患疾病或灭亡，人际的三种需求如果不能满足，则会使人精神崩溃或者死亡。

童年时期的人际关系是否得到满足影响着成年之后对待他人的方式和方法，就像自己当年以双亲对待自己的态度对待他人一样，这三种需求在童年时期得到满足的状况影响着后来我们的行为方式和思维方式。

如果人在小时候由于父母的忽视导致他们和父母的交流非常少，这样的经验很可能会使他们的社会交往出现问题，具体表现可能是

和人交流的语言产生障碍，无缘无故地与他人保持距离，或者是直接拒绝参加大部分群体活动。反之，如果人在小时候过于依赖父母，或者与父母沟通太过于频繁，也会产生各种问题，最直接的表现就是过分寻求与他人接触，并试图获得所有人的注意，并热衷于参加大量的群体活动。有时候，他们还利用各种方法和技巧加入各种社会圈子。前者称为低社会行为，后者称为超社会行为。两者都属于不正常的现象。

当然，最正确的方式就是儿童与父母适当地沟通和交流。这样，他们在长大后无论独处还是过集体生活都能感到快乐和满足，既不把自己看作中心，也能根据具体情况选择适合自己的群体，这样的人能应对绝大多数的人际关系。我们把这种状态称为“理想的社会行为”。

对于父母来说，如果他们对自己的孩子既严格要求又允许他们有一定的自主权，这样的孩子在长大后就表现出了民主性的人格。既顺从规则又敢于掌握权力，在必要的时候，他们也拿得起，放得下。也就是说，他们可以对世界上出现的各种复杂情况做出最优化的判断。

如果父母对孩子过分控制或者不控制，就会引起他们过度的焦虑和抵触性的行为，或者是添加某种专制行为。例如，他们有可能控制欲非常强，并且极力抵制他人对自己的违逆，当这种人获得权力后，很可能会独断专行，违反既定的规则，抑或不尊重他人的权力。当然，也有可能走向另一个极端。例如，过分谦虚顺从，不知道如何控制他人，在重大决策上犹豫不决，不知道如何负责任等。

如果在小时候得不到亲人足够的爱，经常被冷眼相待或受到排斥，长大后就会表现出低个人行为的趋势。例如，表面上很友好，实际上却会刻意和人保持距离，并且极力隐藏自己的情绪，害怕在社会上受到排斥。所以他们不会和周围的人建立亲密的关系，只会逢场作戏。

如果儿童一直生活在被父母溺爱的环境下，就会表现出很多异常的人格。例如，他们会强烈地寻求爱，并且迫切希望与他人建立亲密的联系等。

三种人际关系需求实际上并不完善，我们可以对其延伸，把被动表现和主动表现联系在一起，这样就可以延伸到六种人际关系取向。一是主动包容型，就是渴望主动与他人交往，并且积极投身于社会生活实践。二是被动包容型，就是期待别人接纳自己，渴望别人的包容，自身是孤独和退缩的。三是主动支配型，就是喜欢主动控制他人，并能充分利用权威、权利来操纵其他人。四是被动支配型，就是期待别人来教导自己，并喜欢追随他人，渴望被支配，外在表现则是顺从、与世无争。五是主动感情型，就是对他人处处表现出喜爱、热情和亲密的行为。六是被动感情型，即期待他人对自己表示亲密，希望他人对自己有接触的欲望，但本人却对周围的人表现出冷淡和厌恶的情绪。

其中，主动型和被动型在一起能最好地结合，也就是说，主动表现型与被动期待型可以相得益彰，更好地弥补彼此的不足。但是，同属支配型的两个人在一起就不容易相处了。因此，无论是交友、选择另一半还是从事其他的活动，把握好这六种人际关系需求至关重要。

另外，我们还应该知道一个名词，就是人际相容。如果两个人在一起，或者在群体中能够正常地进行工作、交流和生活，那就可以称为相容，它在人际关系中占据了重要位置。**人际相容有三种，**

**一是互换相容，其定义是，如果两个人在三种需求上所希望的和行为的总和相等，那么两个人就能实现最大程度的相容。**即便两个人在某一个需求范围内可能出现不相容之处，但如果总和上相近和相等，还是可以做到相容。其不相容的程度就是总和上的差别数值。差别越大，不相容的程度也就越大。

**二是发动相容，指一个人经常有意识地使自己的表现与另外一个人互补。**例如，如果某个人看到另外一个人拥有领导才能，或者已经做了领导，就会表现出顺从和愿意被对方控制的行为。

**三是交互相容，指两个人都在某种需要上表现出一致性。**例如，一方有沟通的需求，那另一方也会渴望沟通；一方不想交谈，另一方也会适时终止谈话。这样，两者的需求与愿望就会尽可能地相符合。总之，如果一个人在同对方的相容性出现差异时，他就会自动和另一个人接触，并观察对方是否与自己的需要相符。

与不相容的群体相比，相容的群体在世界上具有更大的凝聚力，能有效地达到既定的目标，并使行动效率大大提高，这个发展过程要经过沟通、控制和爱。首先沟通可以让每一个个体决定自己是否适合眼前的群体；其次就是义务和权利的分配，其中就包括确定领导人；最后则是情绪的整合和情感的培养。在群体趋于离散时，这三个阶段会向相反方向发展，首先是情感出现裂痕，其次是控制和管理的混乱，最后人们纷纷离开群体。

## 2. 人们对优越感的需求非常强烈

我们每个人都免不了批评别人，但我们却常常原谅自己。其实，批评是一项毫无作用的工作，也是一种非常愚蠢的行为，我们需要的是体谅。如果我们对他们过于谴责，会使他们的自尊心受到伤害，即便他们知道自己是错的，也会拼命地掩饰，甚至会一直错下去。有很多十恶不赦的杀人犯，他们在被捕后会不停地维护自己。这很好理解，因为每个人在遭受否定的时候，都会有一套为自己辩护的理由，因此，我不建议经常批评别人。

流行于19世纪的一个动物实验很好地说明了这个问题：一只常常被奖励的动物比一只常常受到殴打的动物学习得更快，而人类作为更高等级的动物也不例外。受到批评的人就像一只刺猬一样采取防护措施，把所有的刺指向批评他的人。批评是非常危险的，它伤害了一个人的自尊，并会激起对方的强烈反抗，在日常生活中，我们发现，每个人都习惯于为自己的错误辩护。

美国总统林肯曾经说过："不要批评他人，免得被他人批评。"林肯之所以会说出这句话，源于年轻时的一件事。那时候，他年少轻狂，曾经写了一封信批评别人，被批评的人感觉受到了奇耻大辱，提出要和林肯决斗来解决纠纷。不擅长搏斗的林肯无奈走上了决斗场。幸运的是，他的朋友在决斗开始时阻止了这场闹剧。从此以后，林肯在决定批评别人的时候就变得慎重了。

很多心理学家都曾表示，人有时候会很自然地改变自己的观点，但如果这时候有人说他们做错了，就会非常恼火，更加固执己见。所以，只有愚蠢的人，才会不分场合和情况谴责别人。而且，喜欢批评别人的人大多数也会遭到对方的批评，这只会让对方在没有意义的争论中浪费宝贵的生命。

在我发表社会学论文的时候，有一名记者在报纸上对我的文章进行了猛烈的攻击，我当时气急败坏，认为受到奇耻大辱。于是我打电话给那家报社，要求他们立刻澄清事实真相，并立即对那位记者进行处罚。现在，如果再遇到当年的情况，我就不会那么鲁莽了，因为购买报纸的人并没有过多地注意到那篇文章，我的愤怒除为我赢来脾气暴躁的名声外，别无他用。

美国著名的政治家本杰明·富兰克林在年轻时并不聪明，但意外地走向了人生的巅峰，后来又被委任为美国驻法大使。有人问他成功的秘诀，他说："我从来不会说一个人的缺点，相反，我知道我身边的每一个人的优点。"不仅如此，他在刚刚从政时就给自己立下规矩，即从不正面反对别人的意见，也不会武断地给对方贴标签。和他交流的人基本都感到非常融洽。所以，他的政治生涯很长，虽然他并不善于辞令，但其起草的法案却能每每通过，和他的这些特性不无关系。

批评就像信鸽一样，不管放出去有多远，最终都会回到自己的家中，我们极力批评的人，最终都会反过来责备我们。这时候，受伤的仍然是自己。我们应该放下自己的愤怒和责备，站在别人的立场考虑问题，如此这般，我们就能变得更加宽容和仁慈，并能使我们的魅力增长百倍。要知道，即便是上帝，他也不会随意地批评别人。

因此，当你怒不可遏、想要指责和批评别人的时候，先问问自己想要得到什么样的结果，是成为受人尊敬的人还是众矢之的。

当我们能够抑制住批评他人的欲望时，其实只是完成了影响他人的第一步。因为我们还有想要了解自己和对方的一种欲望，这种欲望每个人都有。著名心理学家弗洛伊德曾经说过，人所做的任何事情，基本都是因为两种动机，一是性的冲动，二是成为伟人的欲望。美国著名教育学家杜威也曾说过：“人性中最大的渴望是成为重要人物的愿望。”因此，当我们想要影响别人时，首先需要深刻了解到对方这种成为重要人物的欲望。

在这种欲望的驱使下，林肯从一个一文不名的商店伙计成长为美国总统，贝多芬从一个双耳失聪的残疾人成为世界顶尖的音乐家，拿破仑从一个身材矮小的军人最终率领军队翻越了“天险”阿尔卑斯山脉。当然，这种欲望也并非完全有利的。为了追求奢侈，凸显富贵，很多人走向了犯罪的道路。曾经有一位警官向我提供过这样的信息，他说：“如今很多年轻的犯罪分子在被捕之后最关心的都是自己有没有登上报纸的头条，当他们看到自己的照片和社会名流的照片占据同样的篇幅时，他们就会有一种莫名其妙的兴奋感。”

我们可以把这种渴望成为重要人物的心理状态称为“优越感”，虽然每个人获得“优越感”的方式不同，但他们都无一例外在证明了自己的重要性后获得了满足。在沟通和交流之中，我们能认识到这一点，就相当于成功了一半。所以，最好的影响和激励他人的办法就是让对方热情高涨，自动自发地去做某件事情，而不是被强迫。具体点说，就是要尊重或激发对方的优越感。

俄国女皇凯瑟琳拒绝查阅那些没有在信封上尊称“女皇陛下”的信件。伟大航海家哥伦布之所以甘冒奇险探索新大陆，原因竟然是希望获得“海洋大将”的头衔。即便是伟大的美国开国总统乔治·华盛顿，也希望别人称他为“至高无上的美国总统”。不仅仅是伟人或社会名流追求“优越感”，对于普通人来说，也有着极大的渴望，他们追逐优越感的程度甚至会超过名人。

我在银行工作的那段时间，听说了一个非常奇怪的事情：我同事的姐姐原来是一个勤劳能干的人，但她为了得到母亲的重视，竟然躺在床上装病很多年。直到她的母亲患了一场大病瘫痪在床，她才自己穿衣起床，开始照顾母亲，她身上的病也奇迹般地消失了。

人们对优越感的需求非常强烈，有很多精神疾病因此而得。在美国的医院中，有很多狂躁症患者的脑部既没有损坏，也几乎没有受到过心理刺激。我曾经询问过这方面的医学专家，他们告诉我，致病的具体原因我们也不知道，但可以肯定的是，他们在这种狂躁状态中能找到正常状态下难以找到的“优越感”。

即便是对于一个孩童来说，他也会奋力追求“优越感”。我的一位朋友就有过这样的经历：在他家后院有一个巨大的草坪，但一群调皮捣蛋的孩子总会来这里踢足球，弄坏了他精心打理的草坪，这使他非常担忧，他试着说服那些孩子，但无济于事。后来他听从我的建议，叫来了这群孩子中的两个最顽皮的，并给他们很多吃的，分别将他们任命为“巡视员”和“探长”，然后为他们做两个漂亮的袖章绑在其手臂上。这个方法果然奏效。以后，他们再也不怂恿其他孩子过来踢球了。而且，当别的孩子试图来踢球时，他还会阻止他们。

所以，当我们要影响一个人的时候，一定要知道，一切的说理都是徒劳的，而是应该把握对方的欲望和感情，试图让对方找到优越感并加以利用。这一点在家庭生活中也非常重要，聪明的妻子往往善于倾听丈夫的意见，并且经常会赞美丈夫，这样就会给对方带来一种“优越感”。

19 世纪末，年轻的亨利·福特只是一个月薪仅 10 美元的电气公司职员，他每天工作之余都会在一个旧工棚里摆弄机器，试图研究一种新的马车引擎。这种行为受到了众人的耻笑，其中还包括他的父亲。为此，他好几次想过放弃，但他的妻子却一直鼓励他，称赞他是一名天才。一有空闲时间，她就帮着丈夫一起钻研。功夫不负有心人，三年之后，福特的研究成功，震惊了全世界。当记者问他如果有来世，他希望做什么时，他说："做什么都无所谓，只要能与一直鼓励我的太太在一起就很好了。"

除了鼓励之外，还能让人体验到优越感的是赞美。我们可以为我们的朋友提供物质上的帮助，却很少会关心他们的精神世界；我们可以给自己的子女提供各种美味的食物以及身体发育时期所需要的营养物质，却很少能真心赞美他们。而后者，也同样非常重要。

精神上的赞美，才会真正被人铭记在心。需要注意的是，赞美不同于谄媚。很多人是不喜欢谄媚的，伟大的哲学家柏拉图就曾经对一个奉承他的贵族说："我难道只能是一个受到笨蛋和傻瓜称赞的蠢货吗？"那么，我们如何区别赞美和谄媚呢？其实并不困难，赞美是出于真诚，谄媚出于虚伪，是一种假象。经常运用谄媚的人必定会遭受厌恶，只有对他人由衷地赞美才能真正触动他人的心灵。而且，赞美是无私的，如果是发自内心的赞美，人们会把你说的话奉若珍宝。

英国哲学家洛克在童年时期非常顽皮，经常对周围的人搞一些恶作剧。但是，他家的一位仆人却赞扬洛克的行为，并说他聪明可爱。没想到，洛克的父亲老洛克在知道这件事后，批评了那位仆人。洛克知道后非常不解，问父亲："为什么我要拒绝别人的赞美呢？"老洛克说："愚蠢的赞美只会让你更加愚蠢和没有教养。"

我们一定要学会区分赞美和谄媚，对于别人真心的赞美，我们要乐于接受；对待盲目和别有用心的谄媚，我们要将其拒之门外或不以为然。所以，影响别人有三个步骤，一是看到别人的优点，不要过多批评别人；二是要让对方得到“优越感”；三是真诚地赞美他人。

## 3. 我早就明白钓鱼必须放对鱼饵的道理

想要对他人产生强大的影响力，还应该了解对方的需求，就像想要钓到大鱼，就必须选对鱼饵一样，我们只有捕捉到他人真正的需求，才能使沟通不再产生障碍。而当我们将某种影响强加给对方时，往往会适得其反。有人问英国首相依特·乔治为什么会如此受欢迎。他笑着回答说：“因为我早就明白钓鱼必须放对鱼饵的道理。”

事实的确如此，我们在“钓人”的时候，一定要放对了“饵”，即投其所好。在与人交往的时候，不能总是一味地讨论自己的需求，而是应该多去讨论对方的需求，并告诉对方如何满足这种需求。

我认识的一个朋友的孩子虽然小，却非常顽劣，为了不去幼儿园而在地上打滚，家人拿他没有丝毫办法。我得知这件事之后，抽时间来到他家做客。中午，我从包里拿出画笔和纸，与这个孩子的哥哥玩起了画画的游戏。这个孩子对游戏非常感兴趣，当他请求加入时，我拒绝了他，并说：“不行，你还不会呢，你必须先去幼儿园学会画画再说。”令我朋友没想到的是。第二天，这个孩子早早起来，央求着我的朋友带他去幼儿园学习画画。

当我们强迫别人去做某事的时候，会引起对方激烈反抗，但如果能激发他们的内在需求，就能事半功倍。让别人喜欢上自己不愿做的事情是一个并不容易的事情，但如果能掌握技巧，普通人也能做到。

从前有一个推销员，被公司要求推销大学的函授课程，遗憾的是，他被分配到一个相对落后的小镇，镇上的居民对课程根本不感兴趣，这使他大为懊恼，辛辛苦苦介绍了一天，也没有人购买他的课程。就在他悻悻地准备离开小镇的时候，意外发现了一位工人正在电线杆上工作。这位推销员暗暗下定决心，一定要把课程成功卖给这位工人，等到那位工人从电线杆上下来歇息时，推销员对工人说道："朋友，干这个工作可真不容易。"工人回答说："那还用说，这个工作既危险又辛苦，可为了赚取面包的钱，这也是没有办法的事情。"

听到这话后，推销员并没有急于推销自己的课程。而是对那位工人说："我有一个朋友，也是干这一行，他却感觉很轻松。"工人瞪大了眼睛，疑惑地说："怎么可能会轻松呢？"推销员得意地回答："以前并不轻松，只不过最近才轻松，因为他学了一门课程，所以现在比以前得心应手多了。"

工人的眼睛里闪着光芒，急忙追问是什么课程，如何才能学到这门课程。这时候，推销员介绍了自己需要卖的函授课程中的电工课程。结果，工人当天就交了学费。

事实的确如此，只要我们选对了"鱼饵"，就可以完成看似不可能完成的任务，影响到看似不可能影响到的人。

有一次，我租了某个酒店准备用来做社会学的演讲，时间是五天。但开始演讲的前一天，酒店却突然通知我说租金要提高三倍，这时候，有很多人劝我放弃这家酒店，也有人建议我接受三倍的价格。但这两条路我都不愿意走。首先，在这个酒店演讲的消息已经下发了出去，这个时候突然变更地点会让很多听众无法接受。其次，三倍价格对于我来说根本承受不起。于是，我选择了第三种办法，与酒店的负责人谈判。

见到酒店负责人后，我首先肯定了提高租金的做法并没有错，因为酒店的会场完全可以用来租给举办舞会或集体聚餐的群体，这会给酒店带来丰厚的利润。那位负责人点了点头，显然，我的这番话正是他心里所想的。但我话锋一转，对他说：“不过，我演讲时听众全部都是社会上层的知识分子和名流，如果他们到来，就相当于为你的酒店做了宣传，这是你花 5000 美元也买不来的，对不对？”听了我的话后，酒店负责人沉默不语。一会儿，他决定降低租金，经过商谈，他最终只提高了 50% 的租金，而不是三倍。这个结果让我非常满意。

这次成功的原因显而易见，就是我并没有直接向酒店负责人陈述我的需求和不满，而是一直强调他所需要的东西如何才能得到，当对方意识到自己的行为无法使他的利益达到最大化时，自然会做出改变。

学会激发他人的需求，才能真正影响到对方，这样做的结果并不是一方控制另一方，而是让双方都有所得。能够真正关心别人的需求，洞悉人性的人，才知道如何应对这个复杂的世界。曾经有一位哲学家说过：“行动是由我们的基本欲望决定的，所以，对于那些想要影响别人的人来说，首先是要激发对方最急切的需求。”

19 世末，担任过英国首相的迪斯雷利将近四十岁才结婚，令人大跌眼镜的是，他的夫人玛丽安比他还要大好几岁，并且又笨又丑。但她有一个优点，就是了解迪斯雷利的需求，并极力满足他。在他们一起生活的几十年中，玛丽安一直都坚定地站在丈夫的立场上，这使得他们夫妻关系一直都非常和谐。

了解他人的需求，激发对方内心的欲望并不是为了控制对方，或者是使他做出对你有利的事情，而是为了使双方都获利。英国空想社会主义者罗伯特·欧文也曾说过：“能够真心实意地为他人着想，洞悉他人需求的人，永远不用担心自己的前途。”

在我的学生中，有一位70岁的老人，他在退休之前是一名历史老师，退休后感到非常迷茫，不知道自己还能做什么，但他需要做些事情来支撑自己。两年前，他对我说：“我还想当一名教师，只不过，我已经快70岁了。”我鼓励他说：“既然你热爱这份工作，为何不重新开始这份事业，继续教课呢？我认为年龄并不是阻碍。”听了我的话后，那位老人备受鼓励，毅然决定跟着我学习哲学。由于他历史功底深厚，很快就掌握了哲学中社会学的大部分知识。现在，他已经称得上社会学领域的专家，并且可以代替我讲一小部分课程。这在很多人看来就是一个奇迹。他一直对我说，是我影响了他，让他知道，自己的第二春才刚刚开始。

所以，要想影响别人，就必须把握对方的本质需求，如果能做到这一点，就很容易成为一个受人欢迎的人。

第一次世界大战时，有一名叫安妮的女子因为心脏病躺在病床上，医生告诉她必须24小时待在床上，只有中午一小会儿的时间才会被护士搀扶着走到后院看看。不幸的是，战争波及这里，城市里很多男丁都被拉去打仗，而他们的家属有很大一部分被接到了这家医院。由于医院人手严重不足，而安妮的床边又恰好有一部电话，于是医院请求她帮助记录那些出征士兵家属所住病房的号码。安妮欣然接受了这个请求，毕竟她感觉到自己被需要。

安妮用心记录着这些战士家属所在的地方，1个月过后，她仿佛忘记了自己的病痛：开始她还只能躺在床上接打电话，有一次，因为太忙，竟然在无意中从床上爬起来，坐在椅子上接打电话；再后来，她除了正常睡眠八小时之外，其余时间都可以坐着或站着工作。战争结束后，她的心脏病竟然也好了一半。她曾经在自己的日记中说：“这次危机，使我不再只关心自己，而是学会了关注别人的需求并真心实意地帮助别人，当我做到这些时，我发现我的病症减轻了，朋友也变得非常多。”

安妮的故事让我们知道了站在对方的立场看待问题的重要性。我们只有先了解对方的需求，才能真正震撼到对方的心灵，才可以如愿以偿地影响到他人。

## 4. 对别人产生兴趣，我们每个人都会无比受欢迎

如果你想要别人都关心你，首先必须关心别人，对别人漠不关心的人，他一生中所遇到的困难要比其他人多得多。我们如果能够时时刻刻关心别人，对别人产生兴趣，那么我们每个人都会无比受欢迎。

但是，现实中的人们对自己的关心却远远超过别人。据美国贝尔电话公司的调查报告显示，人们在通话之中“我”的使用频率相当高。平均每 500 次电话交谈中，就有大约 4000 个“我”字。不可否认的是，我们每个人都会对“我”相当关注，或者认为自己才是最重要的。拿破仑就是一个自大狂，他的这种性格帮助他建立了法兰西帝国，但也导致他在滑铁卢之战中失败。

不过，我并没有鼓励人们放弃对自己的关心，而是要在关心自己的同时，多尝试一下关心别人，并对其他人产生兴趣，这样才能收获更多的友谊。反之，如果我们只是想让别人注意自己并对自己产生兴趣，那么我们就很难交到真诚的朋友。所以，我们要试着改变一下自己的性格，尝试着和周围的人交流，首先要喜欢和赞美他

们，多关注一下他们的优点。要知道，即便是最让人厌烦的人也会有优点存在，我们要学会把对方的优点放大，慢慢地，你就会发现周围的人对你会很友好，他们也喜欢你，并乐意与你交谈。

在我刚刚担任大学教授的时候，我并不喜欢我的学生，因为我觉得他们一个个高傲得很，总是在我讲课的时候提出各种各样的质疑。但即便如此，我仍然放弃了唯一一次调换班级的机会，因为我想试着了解他们。在以后的日子里，我准备了一个日记本，每天坚持写一篇日记，而日记的内容都是记录学生们的优点，一段时间后，我就可以依靠记录分析出大多数学生的优点：爱好和性格，然后对症下药，进行针对性的交流沟通。很快，我和那些学生打成了一片，从互相争执变为互相学习和探讨。

美国的一家银行也把关心客户当成一件头等大事，因为银行办理业务的客户总是在排队等待，在这段时间内，银行的工作人员就会为他们提供报纸，甚至准备了咖啡。一个银行如果能如此关心客户，那么它的生意一定不会太差。

我所在的大学，有一个哲学教授曾经做过这样一个实验：星期一，教授在上课的时候拿了 50 个柠檬，分别让班里的 50 个学生每人拿上一个。教授告诉他们，在一周的时间内，每个学生都要形影不离地带着这个柠檬，并经常观察、触摸和闻味道。

下周一到了，教授拿着一个大袋子，让学生把 50 个柠檬交上来，扔进袋子里。然后，教授又让每个学生把自己的那个柠檬找回去。结果发现，每个人都能准确地找到自己的那个柠檬。

这个“柠檬实验”的意义深远。我们仔细想一想，我们对于他人的关心还不如对待一个柠檬，很多人连认识一周的同学或朋友都叫不上名字甚至记不住相貌。有一位维也纳的心理学家曾经说过：“一个对别人冷漠和无视的人，他的生活一定会遭受到巨大阻碍，而且对别人的损害也大。所有人类的失败，都是这些人造成的。”

真诚关心别人，会帮助一名作家找到触动人心灵的素材，能够帮助将领打一场胜仗，能够帮助演员成为风靡全球的名人。总之，我们要想成就一番大事业，关心他人并对他人产生兴趣是必不可少的。不要过分关注自己，用这个时间去多多关心别人，关心是世界上最好的礼物，当你把它送给别人时，别人也会用同样的方式来回报你。

关心他人的一个重要方法就是牢牢记住他人的喜好，这样可以让对方觉得自己被重视，而且还会让对方觉得你是从心里尊敬他和关心他。记住别人的爱好，是对别人的关心，而且要无条件地进行。一位哲人曾经说过：“关心永远不是单方面的，当你把它送给别人时，别人也会用同样的方式回报你。”

美国总统罗斯福就是一个懂得此道的人，他对自己的仆人也同样的友好。有一次，他的仆人不知道美洲鹑鸟是什么样子，罗斯福知道后，花很长的时间耐心解释给他听。后来，当罗斯福意外看到非洲鹑鸟后，竟然赶紧招呼他的仆人一起过来看这只鸟儿。他的仆人曾经说过：“有这样一位善良的主人，我怎么能不喜欢他呢？”

其实，他对所有人都非常友好。有一次，罗斯福去白宫开会，由于出发较早，与会的其他成员还没有到齐。在等待的这段时间内，他向白宫内的各个工作人员一一问好，包括打扫卫生的几个人。罗斯福的这种性格使他备受爱戴。有一位老秘书含泪述说：“和罗斯福总统交谈是我一天中最快乐的事情。”

美国第三任总统托马斯·杰斐逊和罗斯福一样也是以平易近人著称。他的出身非常好，父母属于上层社会的贵族，而且家底丰厚。按照当时的社会等级制度，贵族除了对一般平民发号施令以外，是很少与他们交谈的。但杰斐逊却不这样做，他对家里的佣人，包括园丁和服务生都非常友好，经常和他们愉快地交谈。

杰斐逊认为，能够影响到他人，并使他人与你愉快的交谈是一门高深的学问，绝对不能忽略它的价值。他告诫手下："你们必须像我这样，抽时间到民众的家里面坐一坐，看一看他们的家具，尝一尝他们的面包。因为，你只有这样，才能体会到他们不满的原因。法国革命就是一个很好的教训。"

他人就像一面明镜，可以映照出自己的优点与缺点。而且，这也符合"心理学互惠规律"，即你对别人冷漠，别人也会对你冷漠；你对别人关心，别人也会对你关心。时时刻刻记住别人的一些喜好，就很容易获得对方的尊重和友谊。这样的人社会关系就不会差。

皮特是美国一家银行的调查员，有一天，上司让他去调查关于某公司的详细资料，而该资料的掌握者就是这家公司的董事长。当皮特走进董事长的办公室，向董事长说明来意时，董事长却回答说："抱歉，我正在为我 10 岁的儿子收集邮票，为了这件事，他又哭又闹。所以，我们长话短说。"

皮特点了点头，便向董事长问了几个关于该公司的重要问题。这位董事长看上去对这些话题并不感兴趣，模棱两可地回答问题。很快，谈话便在沉闷的气氛中结束了。显然，皮特并没有得到他想要的结果。

回家后，皮特冥思苦想，今天为何会失败？这时候，董事长要为他儿子搜集邮票这件事在他脑中一闪而过，很快他就想到一个好主意。第二天早上，他先去银行把外事部寄来的所有信件的邮票撕下来放进了公文包，然后直奔昨天来过的董事长办公室。刚一进办公室，他就拿出了准备好的邮票，对董事长说："我有一些邮票要送给您的孩子，不知您是否喜欢。”董事长非常高兴，与皮特谈了将近一个上午，并且将皮特所需的资料全部整理好交给了他。

像这样的例子数不胜数。所以，我们想要搞好社会关系，就需要在最快的时间了解他人的喜好，走进别人的内心深处。无论是屠夫、面包师还是社会上的名流贵族，都喜欢关心和尊重他们的人。如果你对别人有所求，那就应该多花些时间和精力投其所好。

多年以前，我曾经在美国的某个学院开设了一门哲学课程，我当时打算邀请现象学鼻祖胡塞尔、约翰·杜威和马克斯·韦伯等著名学者来这里，为我的学生们讲授哲学理论。但我知道，要想达到这个目的难度很大，他们都是大忙人，要想得到他们的同意，就必须依靠真诚去打动他们。于是，我给每个人都写了一封信，信中称赞了他们的才能，并表露出我的仰慕之情，在信的最后，我表达了希望他们可以有时间来到我所在的学院，让我的学生们聆听他们的教导。完成这些后，我又让我的100位略有名气的学生在信中签上名字，来表达尊敬之感。

这个方法果然奏效，我要请的那些专家基本都请到了，而且还多出几位政府官员，甚至有很多偏远地区的专家也来到这里。这让我感到非常荣幸。下面我所说的人，也是依靠诚心和关爱获得成功的。

有一天，一位乡下来的女孩找到伟大的画家毕加索，请求他收自己为学徒。毕加索摇摇头说，对不起，我现在不缺徒弟，你要会做饭的话，就给我当厨娘吧。就这样，小女孩开始每天为毕加索做饭，并在空闲的时候看毕加索画画。很多年过去了，这个小姑娘已经变成了一位少妇，而毕加索也已经白发苍苍。

在一天清晨，厨娘发现一个小偷正在院子里偷东西，当她正要呼喊时，发现毕加索正在完成一件伟大的作品，为了不打断毕加索的思路，这位厨娘拿来了画纸和画笔，开始勾勒小偷的形象，好让警察凭借这幅画抓捕小偷。与此同时，毕加索本人也发现了院子里的小偷，于是他也提笔作画，将小偷的形象画了出来。

后来，小偷很快被警察抓住了，负责抓捕的民警告诉毕加索："我们根据您画的那幅画并没有抓到小偷，但您的厨娘送来的那幅画帮助我们抓到了小偷。"听到这句话后，毕加索惊叹不已。后来，这位厨娘成为有名的画家。

由此可见，如果你要对人有所求，那你首先应该满足别人的需求，并去花时间和经历去做一些有利于对方的事情。公元前 100 年，古罗马学者西拉斯就曾经说过："当我们对他人产生兴趣的时候，也是别人开始关注我们的时候。"

## 5. 所有的人都有被人尊重的欲望

在生理需求得到满足的时候，爱、感情和归属的需求便凸显出来。这时候，人会强烈地感觉到缺乏朋友、情人或妻子。总而言之，他渴望同其他人有一种亲密关系，渴望在团队和家庭中有一个重要位置。他将为达到这个目标而做出一定努力，他希望获得一个位置，胜过得到世界上任何东西。当人感到饥饿的时候，他就会把爱和尊重看得很远；但当其生理需求得到满足之后，他就会强烈地感到孤独和不安。事实的确如此，工业化引起的频繁迁徙对儿童的伤害非常大，他们被迫与自己的亲朋好友，甚至是父母分离。

几乎社会上所有的人都有被人尊重的欲望，这种欲望又会根据社会的不同分割为不同的小欲望。总体分为两大类：一是对于能力、成就、自由的欲望，二是对于名誉、地位和威信的欲望。

当自尊的需要满足后能使人的自信大大增强，使人觉得自己相当有价值和力量。反之，有很多人在受到巨大挫折后就会变得自卑，产生一种无能的感觉，甚至会因此引发精神疾病并寻求补偿。这让我们认识到，缺乏自信所造成的危害是深远的。而别人对自己的不尊重是最主要的原因。但是，要想满足这些欲望，必须依靠真实的自我而不是虚假的自我，就像一位画家必须作画，一位诗人必须写诗一样，否则他就得不到真正的平静。只不过，现实社会往往不尽如人意罢了。

对于每个人来说，完成这个需求所采用的方式也是不尽相同，甚至是大相径庭的。有的人想在体育上有所突破，有的人想在绘画或创造发明上有所突破，也有的人想成为一名伟大的父亲。当这些愿望实现后，他们的欲望也就会基本满足，生活也会变得快乐。但必须知道的是，这些都是以基本需求的满足为前提的。他们首先必须获得言论自由以及人身自由，而且要在公平和有秩序的社会中进行。

有很多富有、聪明但无所事事的人开始出现心理问题，这是他们长期没有实现欲望的缘故。所以我会鼓励他们做一些与自己能力相对应的事情，结果他们的症状都有所好转，这让我感到人还有一种认知的需求。

通过对在战场上疯掉的士兵的研究，我们发现，他们会急切地坚守熟悉的事物，害怕无规则不熟悉的事物等，这其实就是认知受到挫折的体现。人在童年的时候就会表现出强烈的被理解的需求。在一些高级动物的身上，我们也能发现类似于好奇心的东西。例如，黑猩猩会把东西捏碎，将里面的东西抠出来看看，并在各种环境下进行探索。而且，这种行为也不是因为饥饿、恐惧等其他因素引起的。这也可以解释人类为什么会勇于冒险的原因。

满足认知欲望的人们会在主观上感觉到快乐，但是，这种欲望只能算是一个开端，后面还会出现将认知得到的信息系统化的欲望和分析的欲望等。

相对于这些好理解的欲望，我们对审美欲望的了解少之又少，但我们却无法回避它，因为在历史的长河中，人类是有审美需求的。丑陋使某些人患病，而见到美的事物又会治愈身心，他们渴望着美来满足他们的欲望。这种现象在儿童身上都有体验，而源头可以追溯到旧石器时代。

在这个社会上，有一些人的理想可能永远处在被压抑的状态，因为他们很可能只在一个很低的生活水平上度日，他们的生命也仅仅满足于得到充足的食物。但是，当一种需求被长期满足时，它的价值也会逐渐降低。就像是一个从来没有体验过饥饿的人，会把食物看得不是那么重要。当一个人至少缺乏两种欲望的时候，他通常会选择最基本的一个。但这并不绝对，人的行为除了欲望之外，还有其他影响因素。例如，有些有信仰的人，为了信仰会成为殉道者。这看似不符合欲望规律，但也能够合理地解释。我们可以称之为早期满足所形成的“挫折承受力”。

有些人在早期这些需求满足的时候，似乎形成了对这些需求缺乏的耐受能力。就像一个对多人有着深厚友谊的人可以承受孤独所带来的伤害一样。这些能力一般都是在生命的最初形成的，也就是说，在生命的早期就被培养成为坚强、有自信性格的人在后来面对威胁的时候也能保持自己的个性。

对于大多数正常人来说，他们的需求都只是部分的满足。例如，一个人满足了 90% 的生理需求，70% 的安全需求，50% 爱的需求，

40% 的尊严需求。而且，一种需求被满足的程度不同，另一种需求的强烈程度也不同。例如，当我们的生理需求满足 10% 时候，安全需求可能还没有任何踪迹。当生理需求满足 50% 的时候，安全需求可能已经显露出来。

某些行为的产生，绝对不是由于某个单独的因素所引起的，任何看起来是生理需求导致的行为都可能有多种动机，而一种行为也有可能是多种需求的共同作用所致。人在吃东西的时候可能是为了填饱肚子，也可能是为了满足其他的安全需求。对于一个极为健康和正常、基本需求都满足的人来说，只有他在遭受到短暂威胁的时候，才会产生迫切的需求，这和某个神经系统被破坏的结果是相似的。

因此我们可以说，人只要任何一个基本需求受到挫折，他就会被认为是一个病人，这和因为缺乏食物而导致维生素不足的人一样，爱和安全的缺乏同样会导致人产生疾病。而这种疾病如果在童年就埋下祸根，其危害是不可想象的。一个人在生命的早期如果在爱方面获得了满足，那么他在长大之后就能更加耐受孤独，更加独立。

虽然人在低级需求满足后会对高级需求产生兴趣，但人们在高级需求满足一段时间之后，我们就能独立于高级需求之上，而不必依赖于低级需求。另外，高级需求并非只有低级需求满足后才会出现，在有意识地放弃、压抑或剥夺后也会出现，如禁欲主义、理想主义等。

不论怎样，任何需求的满足都会有助于健康性格的形成。当然，这里指的是正常的需求，而不是精神病人那种虚假的需求。也就是说，任何基本需求的满足都是往健康的道路迈了一大步。而且，特定需求被满足后还附带有一些特殊的好处。例如，当我们的安全需求满足后，自身在主观上会消除紧张感，睡眠会更加安稳，危机感消失，变得更加有勇气等。

在研究人类本质的时候，有一个非常经典的例子：A 先生在一个危险森林中已经生活了数周，他靠着森林中随机遇到的食物和水维持生命。几乎在同样的环境下，B 先生除了维持生存的水和食物外，还有一把猎枪，一个可以藏身的山洞。C 先生除具备 B 先生的条件外，身边还有两个帮手。而 D 先生除了具备 C 先生的所有条件外，还多了一位最亲近的朋友。而 E 先生具备 D 先生的所有条件，另外他还带着一个非常有凝聚力的团队。于是我们可以依次称他们为：勉强维持生存者、安全需求得到满足的人、归属需要满足的人、爱需要得到满足的人以及尊重需要得到满足的人。

这不仅仅是一系列不断提高的需求，还是一个人不断走向心理健康的过程。很明显，一个在安全、归属和爱都得到满足的人比没有爱的人的心理更加健康。如果在这个基础上，他又获得了尊重，那么他就是一个更加健康的人了。所以说，需求满足的程度和心理健康是有直接关系的。那么，我们是否可以认为需求完全满足就等于理想的健康状态呢？这个问题还需要人们进一步的探究。

我们可以假设通往健康的道路有很多条，但是，现在我们必须提出这样一个问题，那就是放弃最基本需求的满足，通过各种约束、强迫和挫折能否通往健康呢？这时候，我们要提出一个敏感的话题：利己主义。经过多方研究证实，要达到真正的完美状态不仅仅是单一个体的问题，还有他在社会中与其他个体的关系。

当我们设立满足健康这个概念时，我们无一例外会研究很多人的著作，最后发现，患有精神病的人所缺乏的满足有很多是来自环境的。也就是说，他们在很大程度上是依赖环境的，而自身的特性起到的作用并不大。不过，对于健康的人来说，他们对于环境有相当大的抗性。

有一个铁的事实，那就是我们的机体一旦得到满足，就会立即放弃紧张压迫的感觉，允许自己变得懒散和被动，并乐于享受大自然的滋润。总而言之，就是变得相对没有目标了。物质生活的充裕使我们获得了很多疾病，其主要症状包括疲倦感的增加以及自私自利、人与人之间的友谊丧失等。所以，无论哪一个历史时期，物质生活和低级需求的满足并不能使人们进步。

有些时候，我们的需求过分地满足并不是一件好事。有的人被无微不至的爱护、被崇拜和宠爱，成为众人的中心，也拥有忠诚的仆人，甚至有很多人为了他可以做出自我牺牲。但这类人中，却有很多仍然患有心理疾病。这更加证明了，单纯基本需求的满足对人的健康来说还是远远不够的。个体要想真正走向健康，必须学会隐忍和约束。另外，由于需求的过分满足还会带来另一种可怕的症状，那就是对生活缺乏价值和意义感。

对于人类来说，他们很容易在满足之后对幸福置若罔闻，长此以往，快乐在他们眼中也会变得淡然无味，没有一点新鲜感。只有他们的满足再次失去的时候，他们才能重新认识到其价值所在。所以，给那些意志薄弱、无法体验人生价值、如同行尸走肉的人一点惩罚，让他们体验一下失去满足的滋味是非常有效的。

对于一些精神病人来说，他们的病因并不复杂，多半是一些心愿、安全感等未能达成而造成的。为了抑制这种情况的发生，很多神学或禁欲主义断言，欲望和冲动都是对人有害的，可以使人癫狂最后自我毁灭，所以我们要消灭它。而实际上，我们只能对这种观点持观望态度。因为欲望长期得不到满足对于人的心理危害也是显而易见的。而且，经过研究我们发现，对于需求的满足非但没有减弱人们的成长愿望，反而增强了。

## 6. 行为之中必定有情感需要在起作用

人类是群居动物，人的机体也必然存在着种种维护物种可以生存繁衍以及群体秩序的机制。在这种机制的作用下，个体很有可能会做出为了群体利益而牺牲个人利益的行为。这并非人的主观作用，而是大自然的刻意为之。

在人世间，利他行为普遍存在。利他主要分为两种类型：一是把利他作为手段，二是纯粹不图回报的利他。前者的主观动机就是利己的，即为了自己而做出利他的行为。这个道理很好理解。例如，很多人都喜欢和社会上层人士交流，或者赠送他们礼物，目的很明显，就是想在自己出现困难的时候也得到他人的帮助。不过，我们着重研究的是不图回报的利他。

在 17—18 世纪，欧洲很多哲学家都认为自私是人类的本性，而且他们认为，这个世界上出现的同情心与利他行为，都是因为爱自己而产生的。即人即便是做了好事，其动机也是利己的。

生物是以个体的形式出现的，性质相同的个体会组成同一物种。那么，生物如何生存和发展呢？很多生物学家认为，个体是主要的进化单位。实际上，我觉得还应该再加上物种，即个体和物种是主要的进化单位。所以，个体在群体中，既要保证生存和繁衍需要，又要维护整个种群的稳定性。这里的维护，不仅表现在行为上，还表现在身体机能上。而生物发展的总目标则是物种的生存。而物种生存包括个体生存和物种繁衍。这两者要保持一定的平衡。也就是说，有的时候个体要为了物种繁衍而牺牲个体生存，有的时候则要为了个体生存而牺牲物种繁衍。

在艰难的生存斗争之中，各个物种的这种平衡性是不一样的，有的物种对于繁殖的贡献多一些，有的对于生存的贡献多一些。也有的特殊的个体只是为了繁衍而存在。作为群居动物，人有三个具体目标需要完成。一是个人生存问题，二是个人繁衍问题，三是群体稳定问题。为了确保三个目标完美地实现，人体内必然存在有助于实现这个目标的机制。否则，人也会被大自然所淘汰。所以，人类必然会存在为了群体利益而牺牲自身利益的利他行为。例如，为了物种繁衍，我们会产生情爱和母爱方面的利他行为。而为了维护群体的稳定，我们也会有正义感、同情心所决定的利他行为。

由此可见，利他是天性使然。而且，这种利他是不图回报的，这种情况在动物界是普遍存在的现象。很多昆虫只能活到生育的年龄，生殖之后便会死亡。另有一些雌性怀孕的时候营养不足，就把雄性吃掉。

人的情感有一个显著的特征，就是被激发后会产生激情，在激情的作用下，利他行为会更加明显。例如，在民族危亡时期，外敌侵扰之下会激发民众的爱国热情，从而贡献自己的一份力量。

我们应该看到，情感虽然人人都有，但每个人的情感是有区别的，即好胜心、自尊心、同情心等在每个人身上的强弱是不同的。例如，有的人好胜心强，总是事事争第一；有的人则好胜心弱，不愿意同别人一争长短。究其原因，一部分是遗传因素，还有一部分则是后天所受的教育或文化影响。这就是说，生活环境可以激发和强化人的情感。

科学家之所以对科研感兴趣甚至迷恋，正是由于好胜心和好奇心的作用，当这两种情感达到一定程度时，就会激发科学家不断地探索。古往今来，有很多科学家都是在实验室寿终正寝的，他们把一生都奉献给了科研事业。更令人感到惊讶的是，很多科学家为了科研事业，竟然主动要求放弃荣誉和头衔。当居里夫人被国家授予勋章的时候，她说："我一点也没有领取勋章的意愿，我现在只想要一个实验室。"

需要注意的是，充满激情的人与没有激情的人的世界观、人生观和价值观是不同的，所以单靠文化教育或者用激情者的言行来激励没有激情的人效果并不大。激情产生于一定的环境，不具备环境条件，则不可能产生相对应的激情。例如，第一次世界大战产生了许多爱国志士，他们保家卫国，充满激情，但这些人都出现在战争爆发的时候。在和平年代，不管如何教化，都不可能有战争时期人们的那种炙热的情感。

显而易见，以上这些利他行为都是不图回报的，但这里面的深层原因还是要满足自身的情感需要。也就是说，这些在实质上仍然是利己的行为。对此，我们可以得出这样一个真理，即人的行为之中必定有情感需要在起作用。所以说，那些科学家、艺术家，一般都具有强烈的情感需要，也非常注重情感需要的满足。在他们那里，工作和娱乐已经没有任何区别，都可以带给他们情感上的满足。

情感需要是非常奇妙的，当你没有触动它的时候，它平静如水，没有任何波澜，甚至你都不知道它的存在，而当你激发它的时候，它就会愈演愈烈，最后你想停都停不下来。要记住的是，情感被激发的时候往往会产生对某一工作、事业或事物无限的热爱，在这个过程中，就容易产生利他行为，这才是根源所在。

我们还需要看到一种情况，就是舍生忘死的英雄行为。在战争中，我们看到或者听说了很多英勇就义的行为，人们据此产生疑问：那些烈士连自己的生命都不顾，那他们的行为的根源是否还是因为自身需求呢？答案是肯定的。因为情感具有爆发性，在某种情形下，人的情感需求的强烈程度可能会达到最高，这时候的行为就不可预料了。科学研究表明，人在进入激情状态后，大脑机能就会完全被情绪控制，主观意识也开始模糊或仅仅指向与情绪相关联的体验。

经过分类总结，不图回报的利他行为主要有三种情况：一是在满足情感需要的时候，表现出的一种不图回报，不惜牺牲个人的健康、金钱和时间去帮助他人以及援助社会的行为，如母爱、同情心、自尊心等情感的满足；二是情感需要被激发产生利他的激情，在这种情况下，有些人甚至一生都处在这种激情之中，这在科学家和艺术家等群体中表现得最为明显；三是情感瞬间爆发的利他行为，如战场上拼命厮杀的英雄。

人在社会中，为人处世不可能不涉及情感需要，其中最主要的是自尊心、好胜心和仇恨心。我们需要把握的是，人在维护自尊的同时，还要关注别人的自尊，不能让对方颜面尽失。另外，忍得住暂时情感需要得不到满足的痛苦，即要做出一定的自我牺牲，才能赢得完美的人生。

## 7. 道德出现的目的就是净化人的灵魂

自从人类诞生以来，道德就与之相伴，并时时刻刻约束着人类。在相当长的一段时间里，欧洲的道德教育总是试图让人们相信，道德出现的目的就是净化人的灵魂，恢复人的善良本性以及克服人的私心等。或者说，道德的出现就是要人完全地利他，为了集体而牺牲个体。

根据历史唯物主义的观点，道德的本质应在社会经济关系中寻找，因此该理论认为，道德是调节人们之间以及个人利益和社会利益之间关系的行为准则，物质利益是道德的基础。这个观点虽然比较颠覆传统，但我认为是正确的，它彻底抛弃了道德是归于人内心活动或主观意志的观点，也否认了道德来源于人的理性。但是，这个观点并没有将本源完完全全表达出来，马克思也只是从社会学的角度来诠释这个问题。而在研究道德的问题上，不能仅仅停留在社会上，而应该把重点放在自然之上。即人是社会的人，但同时也是自然的人。而且，自然相对于社会来说更加接近本源。

从社会学的角度看，物质利益确实是道德的基础，但要从哲学、自然科学以及其他各种学科综合起来分析，道德的基础应该是为了满足机体的种种需要。人如果没有需要，也就没有物质利益，世界上也就不会出现道德了。

人在自然界中生存，机体的种种需要促使人们努力进行生产活动，而进行物质生产活动就必须形成一定的生产关系，包括生产资料归谁所有、人与人在生存中的关系以及劳动产品如何分配。需要注意的是，生产关系的优劣直接影响到生产力的发展。因此，在一定的生产关系建立之后，它就成了保证生产力的决定性因素，也成了物质利益的保障，从而影响到每个人的物质利益。所以，维护生产关系的稳定性，关系到每一个人。

但是，维护这种关系有着诸多困难。首当其冲的是每个人都有强烈的满足自己需要的欲望，但是，直到现在，我们的物质生活条件还是相当匮乏的，不能满足所有人的需要，所以，社会上不可避免地存在着压迫和剥削。此外，绝大多数人的认知能力有限，不能看到个人利益与社会利益的关系。而在整个社会的影响下，即便有人认识到这种关系，他也无法按照这种规则进行，因为这又成了不适应社会的行为，还容易被淘汰。如此一来，个人利益与集体利益之间就会频繁发生矛盾与冲突。这些都严重影响了生产关系的稳定，从而阻碍生产力的发展。

久而久之，不仅群体生存受限，甚至是个体也无法生存，这成了自掘坟墓的行为。因此，为了维持生产关系的稳定，必须减少社会中的矛盾与冲突。最有效的方法就是大家都遵守一种标准和规范，这时候，道德就产生了。可以说，人制定道德标准的目的并不是个人利益，而是整体利益。道德也不是建立在个人需要基础上的，而是建立在人们共同利益的基础上的。道德要求人们把群体的利益放在第一位，帮助他人和社会，这些都是十分必要的。

在历史的发展进程中，除封建社会外，人们在道德上都不会去隐藏人的欲望和追求。在古希腊时期广为流传的《田归农时》就提到："神与人都厌恶一辈子懒洋洋的人，你要留心自己的工作，只有这样，当麦子成熟时，你的仓库才会充满谷物，你只有通过劳动才能得到财富。"

古希腊思想家伯利克里就把为国家英勇作战的行为视为雅典人的道德标准，而且，他还把这种道德要求直接与个人利益挂钩。他在一次民众集会上说："每一个人在整个国家顺利发展时所得到的利益，比个人利益得到满足但国家走向衰弱的时候得到的多。"所以，在希腊城邦国家的国民意识中普遍认为：一旦城邦灭亡，不仅个人的财产会丧失，本人也会沦为奴隶。

但到了封建社会，统治者出于稳定社会的需要，把个人欲望与道德直接对立起来，高举禁欲主义的大旗，反对人们追求实实在在的幸福。随着资本主义制度的建立，人们的认识水平提高，从文艺复兴开始，西方掀起了反对禁欲主义的运动，重新在道德上肯定了追求个人需要的必要性。虽然此时他们还不知道具体的道德规范并不是来自人的欲望和利益，而是来自一定的社会物质生活条件这一事实，但其表现的人本主义精神却是一种突破性进展。

从道德起源的观点来看，社会之所以需要道德存在，并不是用来去除人们的私欲，而是为了调整个人利益与社会利益的关系，避免冲突和矛盾以及维护群体稳定。而且，人的行为如果给社会带来危害，问题并不是处在满足需要上，而是处在满足需要的方式上面。对于满足需要的行为只能限制，而不能去除。道德真正要管的是在谋求个人利益的时候损害了他人利益的行为。

我们所说的行为的内容就是行为的最终目的，而行为形式就是其表现方式。而且，人们只能对人的行为方式做出道德评价，而无法对其行为目的评判。例如，对于一个盗窃犯来说，他盗窃的目的是获得财物，而获得财物是为了更好地生活，目的一点没有错，这个欲望人人都有，按照禁欲主义的理论，就会被认为是人私欲重造成的，但事实上，每个人的私欲都重。每个人都成了要检讨的对象了，这显然不合理。所以，盗窃这件事其实就是个体达到目的的方式错了，是不道德的行为。

从道德所控制的范围上来说，其主要作用于个人利益与社会利益的关系上，而不是人的所有行为。像我们平时吃饭睡觉，喜欢看什么书，去哪里玩等内容无须道德来管。即便是工作上的偷奸耍滑，只要没有影响到社会利益，也不是道德需要管束的范围。

既然为了自身的需要并不是错误，那道德是怎样制定标准的呢？我们要具体问题具体分析。首先，一个人的目的是“为自己”，但行为上却是“为他人”是道德所肯定的，要大力提倡。而直接“为自己”的行为只要不损害他人利益，也不用过多干涉，如为了挣钱而努力工作等。不过，当“为自己”影响到他人利益的时候，就要被道德所谴责了。

道德是人们获得幸福的手段，在一定程度上限制了个人的需要和利益，目的是维护集体的利益。听了我的理论后，有人认为这世界上不可能出现道德高尚的人。其实，这种观点又犯了片面主义的错误。因为我在前面已经说过，利他行为是一个非常普遍的事情，关键看用一种什么标准来衡量。很多人认为道德高尚就是忘我和无我，只要有私心，就不是高尚，如果在这种意义上来说，高尚的人就不会存在，现在不会存在，以后也不会存在。在我看来，一个人是否高尚就看他的行为在主观上有无利他，是否自动自发，在客观上是否给他人和社会带来实际利益。如果这两条符合，他就属于高尚的人，或者说他这个行为是高尚的，而他的行为的最终目的与本质则不在我的考虑范围。

既然道德的本质是来自个人需要，那么，道德教育还有没有必要呢？当然有必要！它是维护社会和生产关系稳定的重要手段，当道德规范出现的时候，由于个人认知水平的局限以及社会的复杂性，人们常常无法认识这些规范。在这种情况下，人们遵守道德规范也是迫于社会舆论的压力，当社会舆论和法律暂时没有触及他的时候，他就会肆意妄为。因此，社会有必要对成员进行道德教育，让人们意识到个人利益与社会利益的深刻关系。从而自觉地遵守道德规则。遗憾的是，现在社会的道德教育差强人意，根本原因是没有弄清楚其真正目的。具体来说，错误有以下几点：

**一是禁欲主义的影响。**即便现在资本主义制度已经确立，但人们受禁欲主义的影响仍然很深，很多人都把私欲看成邪恶的东西，否定人们对个人欲望和利益的追求。享乐主义并没有任何错误，我们应该实事求是地承认个人利益的必要性，并维护人们追求个人利益的权利。即否定谋求私欲中不道德的行为，而不是否定私欲本身。

**二是把个人利益同集体利益对立起来，只看到人们谋求个人利益会损害集体利益，而看不到它们之间的一致性。**因为只有集体利益、社会利益得到保障，个人利益才能得到保障。而认为个人利益与集体利益、社会利益不相容的人，没有看到事物之间相联系的规律，犯了形而上学的错误。

**三是武断地认为道德教育就是要抛弃个人利益，所以对道德教育有抵触情绪。**但实际上，道德教育的目的是帮助人们更好地获得个人利益，是符合机体需要的。思想教育不可能克服人的需要，也不可能阻止人对个人利益的合理追求，只能克服那些为了个人利益而损失集体利益的杂念。

事实上，人们在接受思想的时候是有选择的，其标准就是是否有利于自身的需要，是否能给自己带来快乐或者解除痛苦。无论何种思想，只要它脱离了人们的需要和欲望，就绝对不会被人们所接受。可以这么说，人们无法提高与自身需要相背离的道德觉悟。有人认为，只要道德教育足够强大，就可以让人们真正做到大公无私，完完全全地为他人服务。实际上，这是完全错误的，即便存在，也是披了一层“无私”的外衣而已。归根到底，集体主义的根源就在于人们的需要，而不是产生于道德教育。思想教育就是帮助人们看清自己的利益所在，更加正确地为自己的利益而奋斗。

要真正做好社会的道德教育，我觉得首先应该把两种道理结合起来用，第一种道理就是科学理论，即科学的世界观、人生观和价值观。第二种道理就是根据人们具体利益和所处的环境，指导人们找到最佳维护自身利益的方法。这两个道理相辅相成，缺一不可。

## 8. 学会站在更为宽泛的世俗之上

一直以来，哲学都在以“文化”的形态发展着，几千年来不断翻新着人类社会的复杂真理。它既是文化的孕育者，又作为文化不断发展进步的跳板和桥梁，在人类文明的演进中始终扮演着“指路人”的角色。

在传统西方哲学中，对于主体与客体之间的关系，曾有一个为世人所认可的思维模式，即主体与客体总是绝对相关，并且是二元分裂对立的。站在主体的位置上，客体要么是与主体无关的独立存在，要么就是主体的创造物。而近代意识哲学认为，客体就是主体的意识体现，客体的出现就是主体进行活动的结果。并且把所有的主体都看作独立而互相排斥的存在。

这是传统与近代哲学的观点，其理论固然存在一定的道理，但是人类的观念总是处在进步当中，一些旧有理论也会迎来一定程度上的转折，从而继续追寻真理的脚步。

我们一直在探究主体的概念化理论，一直在追寻主体对客体的操纵理论，却鲜有去关注主体与主体之间的关系范畴。进入 20 世纪之后，哲学上出现了一个“主体间性”的概念，可以理解为“主体与主体之间的关系”，即“人与人之间的关系”，其出现的背景建立在哲学的本体论和认识论之上。在认识论看来，自然本体论的课题形成于主体与客体之间的关系；而社会本体论课题的形成则落在了主体与其他客体的关系之上。

时至今日，“主体间性”已经具备了较为通俗易懂的概念，我们可以将其理解为“推测他人意图的活动”。这有一些心理学的意味，通过分析心理和察言观色，我们总能够获取他人所“隐藏”起来的信息。

主体间性存在多层级别，级别越少，推测判定的准确性越强，反之则越发薄弱。举例说明，A 知道 B 很清楚 C 会在周末的时候与 A 一同外出旅游。在这个事例中，A 运用了主体间性的判断，并且到达了第二层级别。在通常情况下，人们只能够做出 5 层级别以内的推测，超出 5 层的判定很容易出现混乱和错误。

主体间性探讨的是人与人之间的关系，包括主体之间的共识和互识。这是我们在人际交往中的基本前提，也是维持人类生活正常运作、不断发展生产的基础和前提。

胡塞尔曾经对主体间性进行过深入的研究，但他的理论仍旧存在需要反省和值得批判的地方。比起研究人与人之间的关系，胡塞尔更感兴趣的是主体与客体之间的关系。胡塞尔游走于客体、主体、他人的复杂关系之间，为了摆脱“唯我论”的困扰，胡塞尔针对先验自我和其他自我开展了系列研究，发现其他自我是构成客观世界的基础，在这个前提之下，人与人之间的世界相较于客观世界就站到了更为根本的层次上。

所有的社会科学都普遍认为，人的存在是理所当然的，人与人之间的语言、沟通、彼此理解是理所当然的，文化客体与社会客体的存在也是理所当然的。这些理论被世人奉为真理。但是胡塞尔却对主体间性本身提出了质疑，并且对其构造问题也进行了更深层次的阐述，不断推陈出新，引导人类在认知方面继续前行。这是胡塞尔理论的意义所在。

虽然胡塞尔的理论存在进步意义，但我们面前仍旧摆着一个尚未解决的问题：一个所有主体都保持共同意向的共同世界如何才能变成现实。虽然胡塞尔很努力地在避免唯我论的影响，但在其理论“先验自我无法成为一个复数”的描述却仍旧把他带入了困境。

先验自我就像是一个旋涡，它的轮廓界限从来不以其他人为参照，甚至在对比和联想他人时，构造的仍旧是自己的意识流，并且只会对自己的经验开放。这样一来，所研究的对象就只剩下“自我”了，因为没有其他主体的参与，不仅无法完成人与人之间关系的研究，还把自己逼入了唯我论的死胡同。

胡塞尔的哲学在研究他人之间的关系时，只能局限于先验主体之间，但是人类社会中沟通活动的产生则跳出了这种纯粹的理论之外，它只有在我们的工作环境中才能够正常发生。所以，若想进行沟通活动，从而正常地开展研究活动，我们就必须抛弃纯粹的理论态度，然后保持自然态度，让自己投身到生活世界中去。

一直以来，现象学都存在两个悖论：其一是所有的现象学家与保持自然态度的人都存在沟通障碍。其原因便是拘泥于先验态度，并未回归自然态度。其二是人们一直在企图把一些世俗的表达方式用非世俗的方式表达出来。而若想达到这个目的，就必须另外提供一种人工语言，这是极为不现实的。

若想实现人与人之间语言和动作的有效沟通，就要站在更为宽泛的世俗之上。主体间性讲究的是人与人之间的关系，这是人类生活中的“社会性”，但问题是，这种社会性是否属于人们生活世界中的世俗领域呢？

既然胡塞尔的先验现象学不足以探究主体间性问题，我们也只能从先验现象学的意义基础——生活世界上入手。若想研究人与人之间的关系，最直截了当的途径就是人类赖以生存的生活环境。因此，接下来的研究理论，我们称之为“世俗的现象学”。

先验哲学以及先验自我论都无法有效探究主体间性，要想前进发展，就必须置身于生活世界当中。我们身边的世界是一个社会世界，主体间性在这里也应该被称为“世俗主体间性”。

我们生活在世俗当中，并且依靠世俗的环境进行着有效的沟通。

# 第八章

## 生活在物欲横流的世界，没有欲望就是一种孤单

人类究竟是动物，还是一种凌驾于一切之上的高等生命体呢？这个问题争论了数千年，很多哲学家都认为人类是独一无二的“天之骄子”，也拿出各种各样的理论来证实这一点。但实际上，这是一种自欺欺人的表现，确切地说，应该是一种不承认、惧怕自己成为动物中一员的表现。其主要原因有两点：一是认为动物缺乏智慧，是低等的；二是动物避免不了死亡规律，而人则一直千方百计地试图逃避死亡。承认自己是动物中的一员，就相当于承认了人类的最终归宿也是死亡。

## 1. 人类欲望和需求的本质是什么

认真分析我们日常生活中的欲望就会发现，我们最关注的是它们的目的。例如，你需要一大笔钱，目的是买一辆车，深层的目的是因为你的邻居也有车，于是你觉得不能低人一等；而更深层的目的则是维护你的自尊心，以便得到周围人的尊重。如果我们继续追溯下去，还会有一个更加基本的目的。当然，那可能就是生物学的研究范畴了。就像一个心脏病患者，他所关心的并不是症状本身，而是这个症状意味着什么，或者说，它最终所导致的结果是什么。

我们如果再深入分析就会知道，欲望总是会将我们导向至一些我们不能再深究的需要，而这些需要的满足本身就是一种目的，不需要再进一步证实。但这些目的在意识中是不容易被发现的。我相信，在这个复杂的世界中，有一个全人类的基本欲望，而在这之下，每个人满足特定欲望的方式又不同。例如，在原始社会，人们可以靠着成为一名百发百中的猎手来满足自己的自尊心；在封建社会，则要靠着成为一名骁勇善战的骑士来满足；到了文明社会，则可能依靠成为一名医生或者老板来实现。

因此，我们可以这样认为，成为优秀猎手的欲望和成为医生或老板的欲望有着一种根本的原动力，我们可以把这两种欲望归于同一范畴。

人具有无休无止的需求，但并不是所有的需求都会得到满足，只有极少数的人才能达到完全满足的状态。对于绝大多数人来说，一种欲望满足后，另一种欲望会迅速出现并取代它的位置，如此循环，永无止境。这使人在世界上生活得非常疲惫。为了解决这个问题，就需要我们研究人本身的各种欲望和动机。我们现在能够知道的是，只有在最基本的需求满足后，更大的需求才会出现。

一个对食物有欲望的人，他会用适当的方法获得食物，然后吞到肚子里。但他的目的并非食物本身，而是寻求安全。一个正在经历爱情的人，也许他是为了寻找自尊，而不是单纯为了情欲的满足。

人类相对于动物而言，很多本能都已经减退，只留下了遗传内驱力，但即便如此，人类的选择和行为在一定程度上还是取决于历史进程中通过学习而得到的。例如，对于动物或原始人类来说，饥饿是最为重要的，而对现代人来说，食物的口味起到了至关重要的作用。即便是食物相当匮乏的穷人，也会对口味有着一定程度的追求。而且，我们的本能逐渐减退，对文化的适应则逐渐增强。

很多生物学家都喜欢研究动物，然后拿着实验结果套用在人类身上，其实这是完全错误的。人不仅来自大自然，而且还具有一定的社会性，研究人的时候，不能脱离社会。同样，在研究社会的时候，也不能脱离人的本质。

人的欲望和动机不仅仅和自身有关系，更多的还来自外部的环境。我们必须记住，在一定程度上，人类在创造了有价值的东西后也为自己设置了阻碍。当一个人试图得到对他来说有价值的对象时，一般都会受到某种阻力，这也是对象的价值所在。

当我们在研究动机的时候，必须将情境联系在一起，但情境依然不能占据最重要的位置。可以这么说，行为理论由很多因素组成，动机只是其中的一种。但是，并非所有的行为因素都是有动机的。很多有心理问题的人往往基本需求被扭曲，形成了一些莫名其妙的冲动，他们不再寻求满足，仅仅为了防止下一次的挫折而采取防御措施。

一般情况下，我们会有意识地渴望我们有希望获得的东西。例如，当一个人的收入增加后，他的欲望也会相对增大。开始他满足于步行出游，很快可能会希望得到一辆汽车。但不会有获得飞机的欲望，因为这个东西离普通人实在是太过于遥远。

事实上，对于绝大多数普通人来说，基本需求能得到部分满足的时候，生命才会存在，才能有自我实现的基础。而这种基础是相对的，有缺陷存在，才能激发人们不断去追求。一个缺陷被填满后，又会显露出另一个缺陷。

生存需求没有等级之分，却有相对之分，一种状态对于某些人是满足的，但对于另外一些人却不是这样的。一般情况下，满足了基本的生活需求，人都能生存。但人却永远不会满足于这个现状，他会继续寻求发展。

我们没有必要列出人体基本需求的表格。因为，只要人愿意，这个数字可大可小，而且，这些都属于生理上的需求。并且，在几乎所有的生理需求得到满足之后，都会对其他需求产生激发作用。例如，一个认为自己饥饿的人，他实际上可能只是需要获得一种依赖，而不是迫切地需要蛋白质和维生素的补充。所以，他的饥饿在某种程度上还能通过抽烟或者其他的行为所弥补。对于一个生活中所有需求都没有得到满足的人来说，他的生理需求将会占到主要的位置。即一个缺乏食物、安全、爱和尊重的人，他对于食物的需求会更加强烈。

这可以证明，无论何种有机体，感觉最明显的就是饥饿，因为意识是被饥饿完全控制的。此时，全部的机体能量都会投身于满足饥饿的活动中。在这种情况下，我们被尊重的欲望、获得更多财富的欲望等都会被抛诸脑后。一旦某种需求住在了一个人的整个身体，他的三观就会发生巨大变化。例如，一个长期饥饿的人在饱餐一顿后，就会感到非常幸福，不会再有其他奢求。不过，这种情况在当前的社会不容易发生，因为正处在和平时期，经济发展也趋于稳定，很少会有这类人存在。

如果一个人长期处于饥饿状态，就会掩盖高层次的动机。所以，“人只能靠面包才能生存”这句话在理论上并没有错，但是，当面包充足的时候，欲望又会向更高层次变化。当然，在遭受挫折的时候，它们会再度出现。

在生理需求得到满足之后，一系列新需求就会出现，我们可以把它归结为安全需求。对此，我们最好的实验对象就是那些孩童。相对于成年人，儿童对于危险的反应最为明显，而成年人却会想尽办法来压制它。例如，当一个儿童遭遇到闪电的袭击后，他会全力以赴地做出反应，拼命远离危险。但随着这个孩子年龄的增长，周围的危险便会越来越不可怕，越来越容易控制。可以说，知识在某种程度上会使人克服恐惧。

各种疾病的疼痛在儿童身上也会产生更直接的威胁，会使儿童做出最快的反应。一个因为肠胃炎而饱受折磨的孩子很有可能在晚上做噩梦。有限度许可孩子的行为会让孩子健康成长。在一个家庭中，父母在家庭中肯定是居于核心地位的，如果家庭内部频频出现争吵，父母无缘无故打骂和惩罚孩子，会使孩子产生无限的恐惧，这不仅让孩子遭受皮肉之苦，更多的影响还会让孩子感觉没有安全感和失去了父母的爱。这样的孩子，便有仇视父母的倾向。因为在这个阶段，孩子是需要父母作为依赖的，这样他们才有勇气探索外面的世界。

如果我们将安全需要看成促进机体活跃所必需的因素，这种迫切需要安全的状态一般是在战争、瘟疫、自然灾害以及各种脑损伤的时候才能出现。在现在的社会中，很多脑部受到损伤的人对于安全非常渴望，他们对某种威胁的反应非常巨大。这时候，他会奋力地寻求保护者。

对于患有精神病的成年人来说，他可能会像一个小孩子那样害怕惹父母不高兴，害怕被抛弃或被夺走食物。仿佛他没有受到教育的影响，心智仍然停留在童年的阶段。这种情况也并非只有精神病患者会出现，在一些健康的人身上也会显现，通常是他们的感情受到挫折的时候。

这类病人总是想尽一切办法保持心理平衡，他们会避免所有令他们感到恐惧的事物，将自己蜷缩在一个狭小的空间，这样他们才能寻求一丝丝的安慰。当一点波动产生时，他们又会惊慌失措。在现在的社会中，精神病患者的增多绝对不是偶然，因为人与人之间的隔阂越来越大，很少再有肌肤的亲近，我们的孤独感无限的加大，安全感在这个时候消退也丝毫不会令人感到奇怪。

## 2. 那些看起来虚伪而诡诈的禁欲主义

弗洛伊德曾经说过，人永远无法完全控制自己，因为人体内有一种我们无法控制的狂暴力量，即本能，它是异常强大而且不可遏制的。所谓人类本质问题，就是关于什么主宰人类、人的欲望与理性的关系以及人是自私的还是利他的等问题。数千年来，人们一直在讨论这些问题，却只能管中窥豹，无法全面了解。在这漫长的时间内，无数的哲学家、心理学家以及思想家都进行过解读。

在研究这些问题之前，我们要知道，人类对自身的认识不仅与认知能力有关系，还和当前的社会制度有着密切关联。究其原因，是因为人类社会中的头等大事是生产力的发展。而对生产力影响最大的莫过于生产关系，生产关系稳定的前提就是社会必须稳定。因此，为了社会稳定，人类会对自身进行一定的思想约束，而且，这种思想约束未必代表事实和真理。例如，欧洲中世纪把红衣主教当作至高无上的权威，推行禁欲主义，这其实就是一种稳定社会的体现。

遗憾的是，这种稳定社会的举动对于人们的认知却起到了一定的阻碍作用。在欲望方面，人类经历了奴隶社会的纵欲、封建社会的禁欲、现在资本主义社会的释放欲望。与此同时，人们的认知水平也从奴隶社会的肤浅到封建社会的懵懂，文艺复兴之后真理才逐渐将错误抛弃。可以说，历史能够给予我们很多深刻启示。

在奴隶社会对人的管理主要依靠暴力，但仅仅停留在身体的控制上，对人的思想几乎没有约束。因为那时候人类对自身的认识相当少，非常自然客观，对于追求富贵和享乐的行为，人们也认为这是正常现象。到了封建社会，情况有所变化，因为连年征战，社会动荡不安，人们的安全感缺失，但追求享乐和财富的风气仍然盛行，这在无形中加重了社会的崩塌。因此，很多有识之士看到了纵欲所带来的毁灭性危害，开始强调克制和约束自己的重要性，他们认为理性才是最重要的。在这个观念的基础上，禁欲主义开始出现。与此同时。很多思想家也开始著书立说，阐明自己对灵魂和肉体的看法。像毕达哥拉斯、赫拉克利特、苏格拉底、柏拉图等有名气的思想家都是主张理性和道德占主要地位的。

不可否认，在奴隶社会与封建社会交替时期的古希腊，也有很多学者宣扬欲望和感性的重要性。普罗泰戈拉和伊壁鸠鲁就是其中的代表人物。其中，伊壁鸠鲁在看到物质和欲望重要性的同时，还强调克制欲望，即要在健康和灵魂安宁的基础上追求。这种思想绝对是超前的。不过，封建制度确立后，禁欲主义成为主流文化，统治阶级为了维护社会的稳定，也是竭力加强思想统治，大力推行这种禁欲主义，试图从思想上束缚人们。

封建社会的一个主要特征就是神学理论非常发达，其理论认为人天生有罪，这是因为人的意志和行为受到了欲望的控制，追求感官的享乐，这是违背上帝意志的。当然，不安于自己的社会现状也是一种罪过，要想赎罪，就必须抛弃肉体和欲望，追求崇高的道德信仰。

但是，这种愚昧的思想随着历史车轮的前进而逐渐遭到人们的怀疑，14—16 世纪，文艺复兴运动照亮了人类的本质和封建思想的丑陋面孔。这场运动反封建、反禁欲主义、反经院哲学，其理论核心是："我是人，凡是人的一切特性，我都是具有的。"文艺复兴的倡导者们认为，人是自然的产物，人天生具有追求欲望的特性，所以完全有权利为了理想和物质而奋斗。

到了 17—18 世纪欧洲资产阶级革命之后，人们对人性的认识又得到发展，哲学家培根主张欲望和理性的结合，而霍布斯则把人比喻成一台机器，强调人的欲望是由机械原理决定的，追求感官快乐也有其必然性。据此，他提出了利己主义学说。这种观点在刚提出的时候受到了很多学者的反对，但很快，霍布斯的观点被经验主义的开创者洛克以及荷兰学者孟德维尔继承。孟德维尔认为，人不单单在本性上是自私的，在社会状态下也是如此，人的各种欲望和行为都是出于自爱自利的本质。后来，苏格兰哲学家大卫·休谟也站出来强调自私自利的人性本质。当然，18 世纪的很多哲学家如卢梭和伏尔泰则试图中和利己和利他，强调这两种性质在人的思想中是并存的。

对这个时期的德国来说，前期是康德和黑格尔的唯心主义占据主要地位，他们强调理性的重要作用，对于人的欲望有一定的压制，但到了后期，以费尔巴哈为代表的唯物主义，又重新建立起人本主义的思想体系。费尔巴哈认为，人是大自然的产物，人的肉体包括一切的欲望都来自大自然，所以，人不应当有一种超乎人类本质的规定。与此同时，费尔巴哈还认为，人是利己的，它扎根于人的新陈代谢之中，没有利己思想，人根本无法生存，因为趋利避害一直都是人的天性。

19 世纪中叶，英国生物学家查理斯·达尔文的《物种起源》问世，证明了人来源于动物的事实。达尔文认为，人和动物在本质上没有什么不同，支配他们的规律也是一样的。这直接打破了传统哲学认为人与动物遵循不同规律的观点。

到了 19 世纪末期，由于生物学的飞速发展，从哲学中分离出来一个专门探究人类的学科，被称为心理学。最初的时候，心理学只是研究人的心理和意识，并不涉及行为。后来，一些心理学家开始把注意力集中在对人行为动机的研究上面。第一个在心理学方面对人的本能开始研究的是美国心理学家威廉·詹姆斯，他认为，人不仅具有意志行为，本能行为也占有举足轻重的地位。后来，心理学家弗洛伊德深受达尔文学说的影响，认为人和动物是没有区别的。他提出，人在向文明发展的过程中，已经在动物王国获得了主宰地位，但人类并不满足于这样一个地位，于是他们开始与动物划清界限，否认动物是有理性的，从而把自己推向了永恒的地位。

弗洛伊德通过研究发现，人本身就存在一种狂暴且无法压制的力量，这种力量不受意识的控制，这就是潜意识。而潜意识属于本能的一个重要组成部分，是一个永远无法驾驭的永不枯竭的力量。后来，英国心理学家麦独孤也强调了本能的重要性，他说："我们不得不承认一个动物的本能似乎是它最本质和核心的东西，它的一切身体器官和机能都要为本能而服务。"

到了20世纪初，本能理论受到了人们的质疑，很多心理学家开始用驱力来代替本能。所谓驱力，是指个体由生理需要所引起的一种紧张状态，它能激发和驱动个体行为以满足需要，消除紧张，从而恢复机体的平衡状态。人们把动机建立在坚实的理论和实验基础上的尝试，取代了把动机作为本能概念的行为。不过，驱力的概念非常模糊，并没有科学依据来证实。很快，美国心理学家马斯洛吸收了本能与驱力的理论，创立了属于自己的需求层次理论。

马斯洛的贡献有两点，一是把人的基本需求确定为人类最原始的需求，并把人类纷繁复杂的需求归结为基本需求；二是认为人有"善"的一面。当然，马斯洛的思想也有不足之处，他认为人的基本需求是脆弱的，会受到文化的影响和控制。这与弗洛伊德认为的本能是强大的不可更改的相违背。我们发现，弗洛伊德的理论是建立在动物本源上的，而马斯洛则是以"类本能"为基础的。但人类需求的根本问题还没有解决，因为无论是马斯洛还是弗洛伊德都没有看到人体内起决定作用的还有快乐与痛苦的感觉，他们也没有准确地指出人体有哪些具体的需要。所以，人类本质的研究依然任重道远。但是，人类探索这个复杂世界的脚步并没有停歇，理性与欲望，利己与利他的博弈，仍然在继续。

## 3. 人类是动物，还是“天之骄子”？

生物究竟来自何处？数千年来，整个欧洲都认为物种是由神创造的，而且永远不会发生变化，这就是著名的“物种不变论”，从15世纪开始，随着自然科学的发展，人们开始频繁探索世界和宇宙的奥秘，直到18世纪，人们开始向根深蒂固的“物种不灭论”发起挑战，法国学者布丰和他的学生拉马克已经发现了物种进化和用进废退的理论，但没有得到证实。

19世纪，生物学家达尔文进行了环球旅行，通过对大自然的考察和研究，证实了布丰和拉马克的结论。回到英国后，他又在农场和牧场探究杂交和遗传，通过实践，达尔文发现了自然界以生存斗争为核心的自然选择规律。1859年，达尔文的《物种起源》问世，详细阐述了进化论，此举彻底打破了“物种不灭论”。据说，这本书还受到了德国哲学家恩格斯的大力追捧。

达尔文认为，生物界存在着变异，而变异伴随着遗传，同时，自然界也存在着激烈的竞争，即物竞天择，适者生存。而且，生物体的变异是一种本能，如果不能发生变化，便无法生存。对于生物来说，其生存环境是恶劣的，包括气候异常、食物短缺、天敌袭击以及各种病毒细菌。在这种条件下，一切生物都会卷入惨烈的竞争之中。例如，鸟儿靠捕杀昆虫和植物的种子生存，而很多大型飞禽则靠着捕杀雏鸟为食。即便是植物，也会因为争夺水源而互相毁灭，究其原因，就是种群的增长要远远大于资源的再生。

所以，只有对生存斗争有一个非常清醒的认识，才能应对自然界的种种威胁，才能有能力在复杂的世界中谋一席之地。但从自然界来说，具有优势的群体，无论其优势多么微弱，都能比其他种群获得更好的生存条件。不过，任何轻微的有害变异，也足以令一个种群濒临灭绝。有利基因的保存以及有害变异的毁灭，被称为自然选择。

在世界范围内，自然选择无处不在，它每时每刻都在观察着变异，保存好的，去除差的。例如，在一个生态环境中，在狼的猎物中，跑得最快的数量增加，而其他物种数量减少，那么只有速度最快的狼才能生存下来。再如，花粉能够吸引蜜蜂导致杂交的产生，而杂交能产生强壮的幼苗，强壮的幼苗能吸引更多的蜜蜂杂交，如此循环，就能使物种越来越强大。在自然选择的前提下，无论世界如何变化，生物也能不断进化和发展。

在自然界中，还存在性选择。对于动物来说，择偶的时候，雄性是主动的，雄性既要面对其他雄性的竞争还要吸引雌性，既有对付其他雄性的战斗器官，也有让雌性眼前一亮的装饰和歌喉。这些都是雌性所喜欢的。另外，雄性之间的争斗并不是杀死对方，而是让对方少留后代或不留后代。

在很多情况下，雄性的很多特征往往会给自己的生存带来不利。就拿雄性孔雀来说，其尾巴越长，越能吸引雌性的注意，繁殖能力也会较强，但给身体的行动带来困难，不利于躲避天敌。再如，很多公鹿的角特别大，也这也给其生存带来不小的威胁。这看似不合逻辑，但达尔文经过进一步的研究发现，这一切都是有目的性的。事实就是，那些在求偶中获得胜利并繁衍大量后代的雄性给群体带来的利益远远超过对生活条件的适应所带来的利益要大。当然，自然选择在这里还是起到一定的作用。如果雄性求偶的优势非常不利于生存的话，还是要被淘汰。

继达尔文之后，奥地利学者孟德尔创立了现代遗传学，完善了达尔文的进化论。随着一代又一代学者的努力，遗传的奥秘终于解开。在研究动物的同时，人们自然而然地想到了自己，有一部分人认为，人不在自然界中，不遵循动物的法则，而另有一部分人则认为，人是不同于植物和动物的生物。然而，这两种观点都没有多少说服力，也违反了唯物主义的基本原理。首先，我们所处的复杂世界是由物质构成的，所以人不在自然界中是不可能的；其次，人是生物，也遵循生物学的规律。现在，绝大部分的生物学家都把人归类为动物的一种，更有科学证实，人类的祖先是古猿。

通过一段时间的研究和总结，我们对人类的性质有了一定的理解和把握。首先，人是自然界的一部分，包括人体的各个器官。有很多哲学家把观念当作人的一部分是错误的，因为观念只是思维的产物，不具备物质性。其次，我们一定要明白，人对于自然界来说，是完完全全的动物，只是相对于其他的动物有理性罢了。而且理性和创造能力也属于自然界，一些动物也具备。例如，猴子为了吃到坚硬果壳里面的果肉，会用石头砸碎坚果。因此，不光人有高级思维，其他动物也具备，只是程度不同罢了。

另外，人的生产和劳动能力也属于一种自然力，即便是文化和历史，也无法脱离自然的性质。人之所以要劳动，也并非出于完全的主观，而是生存欲望在起作用。这一点，人和其他动物也没有区别。

每一种动物的内部联系都是自然的，任何一种动物的个体都不是独立生存的，而是处在一定的关系之中。而且，这种关系也是自然的，并非主观因素。例如，狮群之间的社会联系。同理，对于人类来说，不仅其身体是自然界的一部分，人与人之间的联系也是自然界的一部分，是人类在自然界中的存在方式。

很多哲学家过分看中人类的强大，他们总认为，人类与其他动物相比，强大了上万倍，其实，这是一个严重的错误。我们观察一个动物的能力，不能仅仅从一方面来看，而应该看它们的综合生存能力。人类虽然有强大的头脑，但身体素质方面却远远不及很多动物。而且，人类的皮肤也很难御寒。更为不利的是，人类的小孩到了 20 岁左右才能独立生存。从地球生物诞生至今，人类至少有 200 多万年的时间都处在生存艰难的时期，即便到了现在，也有很多人处在贫困的边缘，处境未必高于动物。

人类如同一棵树，自然是人类的根，人的一切都是在自然之根上生长起来的。要说人与动物有什么巨大的不同，那就是在谋生的方式和手段上有差异，而在谋求生存这种本能上并没有任何的不同之处。那么，在这个世界上，为什么还有那么多人坚持唯心主义，坚持认为人类是至高无上的？究其原因，一是因为羞于承认人类是动物的事实；二是因为只要是动物，就难免一死。基于对死亡的恐惧，人类在主观上也是不愿意承认这一点的。

即便是在现在，仍然有大部分人不承认人类是由猿猴进化而来的事实。就在前不久，美国的某个法庭审判了一起传播“腐朽”思想的案子。事情的起因是一位年轻的高中老师告诉学生，人类和猩猩的关系非常密切。这一言论很快就传到了校长的耳朵里，最后这位老师被告上了法庭。通过审判，他被罚款 100 美元，并且要在全校师生面前道歉。

这个判决是非常荒唐的，直接否定了人类的本质。人类作为自然界中的一员，同样无法脱离大自然的法则。对于生物来说，第一要务就是维持自我的生存，但是，个体的生命是有限的，尤其是动物，寿命超过百年的非常少，为了延续生命，就必须依靠繁殖。所以，一切生物的结构都是按照两个目的而设计的，一是自我生存，二是繁殖后代。在自然选择之下，一切不能维持生存和繁衍的物种都会被淘汰。所以，一切生物个体不仅担负了自我生存的任务，而且要担负繁衍后代的任务。

虽然生物有着看上去非常有活力的系统，但它必须由物质构成。正因为如此，生命和非生命的物质才有很多相似的化学元素，这些化学元素胡乱堆积在一起并不能形成生命，只有有序地结合在一起才能形成生命。这些元素又构成了人体的一个基本单元——细胞。要维持细胞的生长，就需要不断从外界补充能量和物质。由此可见，物质是生命延续的最基本需求。

## 4. 你有伟大的精神却没有伟大的情感

对于生物来说，任何一种生物的需求都是对其本身而言的。例如，一棵树的需要就是其本身对肥料、水分和阳光等资源的需求。通常，机体的需求有一定的特点。

**一是客观性**。它反映了物质种类和数量的需求，但个体内部缺乏某种物质的时候，就会从感觉和行为中表现出来。例如，当动物体内盐分不足的时候，它就会表现出对盐的嗜好，这些特殊机制，似乎是预先设计出来保持集体平衡性的。所以，对于人类来说，需求是可观的，和意识并没有关系，即便是脑部受损的“植物人”，身体也需要物质，只是他无法意识到而已。

**二是个体性。**人类群体并不是连在一起的，每个人都是独立的存在，所以，人类的需要也是个体的需求，而不是国家、阶级或人民的需求。当然，我并不否认后者的存在，只是说，后者的存在是衍生出来的，是以个体的需求为基础的。

**三是不变性。**个体的需要取决于人体内物质的组成、结构和性能，生物学表明，每一个物种的机体结构都是固定不变的，稍有变化，要么变异为新物种，要么导致死亡。就目前来看，变异的可能性微乎其微。

**四是相同性。**虽然人的相貌、体型和男女有别，但每个人体内的物质成分和组织结构是相同的，这也决定了他们的需求也必然相同。

对于人类来说，我们可以把其需要分为两大类：一是手段性需要，二是物质形式的需要。在满足需要的过程中，手段和目的是可以相互转换的。例如，一个人为了满足食物的需要开始追求物质利益。这里的追求物质利益是手段。后来，他为了物质利益选择了工作。这时候，追求物质利益又成了目的，而工作是实现这个目的的手段。物质形式的需要随着社会的发展而变化，在中世纪时期，我们可能有得到一辆马车的需求，而到了现在，可能需要一辆汽车。

以往的很多哲学家认为，人的需求来自客观环境，而我认为，人的需求来源于机体，机体的需要是最根本的。前者误区产生的原因就是因为混淆了心理和意识的关系，传统心理学一直都是把心理等同于意识来看的，并认为人的需要属于心理。实际上，人的需要是一种生理机制，这不是客观事实所能反映出来的。

在生物的进化初期，生存能力的发展也仅限于功能性器官。例如，长颈鹿的颈部增长以及某些在丛林中生活的动物具有保护色等。后来，动物生存能力从单一走向全面，主要体现在脑部和神经系统的发展上，其中，脑的发展使动物产生了情感，人的情感需要就来源于此。而且，人的情感是在动物情感的基础上发展而来的，也是根植于身体的机制。

既然人类个体的生存是其共同目标，那作为人类生存能力进化而来的情感必定会有重要的作用。例如，因为情感所生成的母爱可以使生物更好地繁衍，恐惧感可以更好地保护自己，而寂寞感有助于我们努力探索周围的世界。

其实，人类喜好群居也是一种情感的作用。在孤独感、恐惧感等情感的影响下，人类有了群居的心理动机。但是，群居又很容易产生冲突和矛盾，我们情感中的自尊心、同情心等又会帮助我们维持群体的秩序。需要注意的是，群居动物和非群居动物所产生的情感是不同的。在生存繁衍的共同目的下，非群居动物的生存主要取决于生存能力和繁衍能力；群居动物还要再加上群体的维护能力，而在人类等高等动物群体中，还会有好胜心和仇恨心的存在。另外，个体不仅具备有利于自身生存的情感，还有一部分不直接利于个体生存但却有利于物种生存的情感，如母爱、同情心等。

对于所有的生物来说，食物对它们的生存来说是最重要的，几乎任何动物都在为了食物而简单地与自然作斗争。为了更好地寻找食物，高等动物的情感中就有了好奇心这个机制，在这种机制的影响下，动物就会对异样的东西产生兴趣，然后积极去探索和品尝以获得食物。如果动物没有好奇心，看到能够得到新事物的地域或能够作为食物的东西无动于衷，那么很快就会灭亡。

动物要更好地生存，还要有对食物的选择本领，所以，动物的情感中还有一种对于美的选择机制，它们一见到色彩鲜艳的植物或能发出悦耳动听声音的动物就感到兴奋，从而积极地探索。例如，苹果是红色的，成熟的苹果色彩更是诱人，这在无形中就会吸引动物过去觅食。

对于人类来说，对于异性的欣赏也是与生俱来的，这也是一种对美向往的情感，反映了对于生育和繁殖能力的有效判断，特别是在人类对于异性的评价标准上体现得淋漓尽致。例如，绝大多数男人都喜欢身体线条优美、皮肤滑嫩的年轻女性；而绝大多数女性都喜欢强壮威猛，充满活力的年轻男性。所以，情感之中的“爱美之心”也是对于繁殖能力的一种选择。

还有一种重要的情感，那就是自尊心。对于群居的人类来说，群体中难免会出现矛盾与争斗，具体表现为欺骗、盗窃、抢夺和厮杀等。这些行为严重影响了秩序的稳定，为了维护群体的和谐，自尊心应运而生。在自尊心的作用下，人的行为得到了约束，大大减少了人们之间肆意妄为的伤害。例如，自尊心使个体做了对群体有利的事情时感到强烈的荣誉感，做了对群体不利的事情时感到羞耻。当然，这和群体中的普遍价值观也有关系。

自尊心对于群体及个体的生存繁衍具有重要的作用。在群体中，个体的事物、安全以及异性的获得，很大程度上都取决于个体在群体中的地位。地位越高，获得这方面的资源越多。而且，地位高的人会受到尊重和爱戴，地位低的人则容易受到歧视和欺凌，甚至为生存带来不小的威胁。例如，在猴群中，地位低的猴子会被同伴欺负，或者被驱逐出猴群。所以，在高等动物组成的群体中，每一个个体都要顾及自己在同类心目中的地位，不能让大家轻视。其实，自尊心就是一种追踪地位的机制。自尊心具体表现为认识自己的错误和不足，从而发愤图强，使自己的素质与威信提高。

好胜心也是高级动物追求高地位和尊重的另一种情感机制，在任何群体中，都遵循强者存、弱者亡的法则。而且，动物界的交配权也往往掌握在地位高的个体上面。因此，在长期的进化过程中，自然界给了高等动物争强好胜与不甘示弱的情感。

在动物界的生存斗争中，个体随时都面临死亡的危险。在这样的情况下，个体必须保持高度警觉并迅速做出御敌或躲避的行为。这样自然选择就在动物的机体上形成了一种安全防御机制来控制。另外，还有仇恨感、情爱、母爱、同情心、正义感、孤独感、寂寞感都属于个体与生俱来的情感需要。

情感需要既然是自然界扎根于人身体的东西，那么我们一定可以在人的身体内找到生理源头。科学研究表明，人的情感被唤起后，体内的物质会发生变化。例如，人在害怕的时候，肾上腺素会作用于肝脏并释放葡萄糖，从而为肌体提供必要的动力。种种结论表明，人所具有的心理能力实际上是一种物质能力，它产生于神经细胞。

我认为，精神疾病在本质上是情感失去平衡所导致的。既然情感是一种物质能力，所以由情感所造成的精神疾病也是生理疾病，情感需要受挫，不仅可以产生各种精神疾病，还会引起生理的某些疾病。例如，有一个病人头痛剧烈、咳嗽不止，并且一度精神恍惚，在对他的身体进行检查后，医生认为他的身体器官不会有什么问题。后来在治疗中发现，病人出现此生理症状，是因为其父亲病危。后来，其父亲的病情好转，他的病也不治自愈。

再如，美国有一个女子胆子非常大，不怕任何蜘蛛、毒蛇、蝎子等令常人感到恐惧的东西，即使在危急关头她也丝毫不会害怕。后来，医生通过研究发现，她大脑缺少某种物质，她的胆大并非因为她天性勇敢或经过特殊训练，而是天生的恐惧机制缺失，让她失去这种情感需要。

所以，肌体的情感需要是由一定的肉体组织和神经系统等综合作用的结果，这些机制受到刺激就会被激发，从而引发相对应的行为。这是一个完成目的的过程。例如，当危险降临时，人感到恐惧，所以会做出逃避或者反击的行为。但如果危险无法逃避或者个体在主观上认为不可避免，就会处在持续的恐惧之中。久而久之，就会引起心理和生理疾病。

现在，我可以给情感下一个定义，即“外界情境刺激人脑中的相关机制所产生的与快乐、痛苦等感觉紧密联系的心理反应”。或者是“人对客观事物是否满足自己的需要而产生的态度体验”。例如，人在看到新奇的事物时会感到兴奋；做错了事情会感到羞愧；被人欺负的时候会感到愤怒等。情感和精神是两码事，前者是客观的产物，后者是主观的产物。

明白这一点后，我们就能把画画、唱歌、写作、娱乐等原本属于精神生活的东西划归为情感需要，其本质也是情感在起作用。例如，一个喜欢跳舞的人并不是精神需要，而是在情感上满足虚荣心、好奇心以及自尊感。再如，一些科学家献身科研事业，是因为其好胜心、好奇心或者复仇心等。总之，人只有情感方面的需要而没有精神方面的需要。

几千年来，人们对情感的误解造成了许多认识上的错误。例如，有一部分学者认为情感是利他的，理性是一切的主宰。而另有一部分人认为情感是利己的，物质力量是主宰。实际上，两者都很片面，情感并没有利己和利他之分，情感是为了生存和繁衍需要而产生的，一切手段都是为了这个目标而进行的。

## 5. 任你有钢铁般的意志也敌不过生理上出问题

人的内在必定有动力，这个动力肯定不是主观上的，而是不以人的意志为转移的强大自然力量。所谓人的主宰，就是决定人的一切欲望、意识、行为等的力量。那么，什么是人的主宰呢？纵观人类的哲学史，理性在很长一段时期都被认为是人的主宰，直到弗洛伊德的出现才打破了这种局面，他第一个宣称人体内有一种无法控制的非理性能量，而这种非理性能量就是本能。后来，有哲学家断言："所有的生命的演化都是由于基因为求得自身的生存和繁衍而发生的结果。"通俗点说就是，我们不过是被基因控制的一部机器，一部具有高级能动性的机器。

尽管文艺复兴之后有大批哲学家都证明了人是自然的产物，但是，仍然有相当一部分人类对自身的"尊严"不停地维护，所以至今非理性主义并没有成为哲学界的主流。不得不说，弗洛伊德把本能、道金斯把"基因"作为人的内在决定东西是十分可贵的，给我们研究人类本质提供了无比大的帮助。而我认为，人体内无法压制的非理性能量既不是本能，也不是基因，而是人体内与生俱来的需要。或者说，是因为需要的满足与否而带来的快乐与痛苦的感觉。

快乐和动物的感觉是驱使动物不得不行动的根本动力。对于人来说，吃香甜的食物、劳累时候的休息、被打伤烫伤等，会带来快乐或者痛苦。在整个动物界，快乐和痛苦并不是一开始就有的。起初，动物保护自己的反应可能就是一般神经性的反应，这样的反应太过于简单，随着生物的进化，特别是大脑出现，快乐和痛苦便产生了。这两种感觉是动物个体维护生存和繁衍的原动力。例如，食物的美味所带来的快乐可以使动物更加努力地觅食。

人常常体验到的感觉是疼痛感，这种感觉非常强烈。就拿吃饭来说，一天不吃饭的人就会明显感觉到饥饿所带来的痛苦，在食物匮乏的时候，这种痛苦会驱使你吃下平时难以下咽的食物或者依靠乞讨填饱肚子。再者，人在患病时，会感觉到难以忍受的痛苦。在绝大多数情况下，肉体的痛苦绝对可以超越精神痛苦。

快乐和痛苦的动力如此强大，英国哲学家边沁曾经说过："只有苦和乐才能告诉我们应该做些什么，以及决定我们将要怎样。"在维护个体生存和繁衍中，这种感觉起到了重要作用。例如，有一个小女孩先天没有疼痛的感觉，有一次，她的手碰到了炉子，手上顿时起满了水泡，可她却和没事人一样还在那里玩耍。为此，家人想尽了很多办法，但都无济于事，只好时时刻刻看护她。

什么样的情况下才能使人产生快乐和痛苦的感觉呢？是在机体需要得到满足或得不到满足的时候。满足就会觉得快乐，而不满足就会痛苦。由此可见，快乐和痛苦的决定因素就是个体的需要，这个道理很容易理解。例如，当我们吃饱饭，或者从冰天雪地走进温暖的卧室，就会感到快乐。而当机体受到伤害，其安全需要得不到满足时，就会产生强烈的疼痛。

人体就好像一部机器，需要动力源泉，没有动力的话，整个机器就要瘫痪。所以，有了动力就能驱使其不停地运动。没有运动就无法觅食，也就无法保护自己，更不能生存繁衍。所以，大自然将每个人的快乐、痛苦与需要紧紧地联系在一起，使人的行为不得不听从需要的指挥。这样，机体需要就自然而然成为决定机体行为的基础。

快乐和痛苦的感觉不仅是生理需要得到满足的反应，同时也是情感需要得到满足的反应。或者说，快乐、痛苦的感觉，不仅反应在肉体上，而且也反应在心理上。当情感需要被激起并且得到满足时，就会感到快乐。没有满足则会非常痛苦。生理需要和情感需要的满足都表现为快乐和痛苦。两者不同的是，生理需要的满足会产生肉体的感觉，而情感需要的满足会产生心理的感觉。当然，这里面心理感觉在本质上也和肉体有关系。

我们还应该看到，情感所反映的情绪也明显起到动力的作用。生气、愤怒都会驱使我们反抗和复仇；总之，会催促你马上行动，去实现目的。人们总以为大脑中理性的作用是最大的，而实际上，情感的作用更加强大。无论是思维还是理性，都属于手段型的生存能力，而情感需要则是动力型的生存能力。

情感需要在爆发的时候相当强烈，失恋的时候，可以伤心欲绝；仇恨的时候，能够咬牙切齿；丢失面子时，会感到无地自容，这种心理痛苦达到极点的时候可能会引起自杀行为。而且，情感所受的刺激越大，满足情感的欲望就越强烈，满足时所感受的快乐、不满足时的痛苦也就越大。例如，一对年轻的恋人在恋爱之初拆散他们并不难，但当他们陷入热恋的时候，再想拆散就非常困难了。此时他们已经被感情所控制，听不进去任何劝告，除非他们在恋爱中受挫。因为情感需要在得到满足并感到快乐的时候，是不愿意停下来的，因为停下来就会感到痛苦。

生理需要是无法被蒙蔽的，就像处在饥饿状态中的人需要食物一样，其他非食用性的东西根本无法替代。但是，情感需要却可以被欺骗，一切与原刺激物相类似的，即便与生存繁衍无关的事物都能使我们感到满足。例如，当我们看到美丽的花草以及奇异的景色时，会因为好奇心而感到快乐，这些原本是刺激人们争取得到食物和异性的，在这里更多的是让人得到快乐。所以，人的很多精神追求并非自然界的本意，而是要满足情感需求，即纯粹的娱乐。虽然它丰富了人们的生活，但如果不加节制，将会危害人类生存的根本。

情感需要的满足是没有止境的。通常，人的日常生活中有大部分时间都在进行情感的满足。例如，看书看报、聊天以及其他活动。即便是在工作之中，人们也在追求刺激、好奇以及好胜等情感的满足。而且，这种情感满足根本停不下来，因为一停下来我们就会感到孤独和寂寞。

再者，随着社会的发展，人们的生理需求已经得到了基本的满足，心理需求就会明显表现出来。当一个人食不果腹，为了饥饿而到处奔波的时候，他可能会把爱情看得不现实；但当他生理需要得到基本满足的时候，就会对爱情非常向往。而且，对食物的需求有极限，感到生理上的快乐即可，而情感的享受却没有满足的时候。人们在娱乐时很少会说“玩够了”，如果真的是这样，那也是生理上承受不了，而不是心理上。

有人说，激情是短暂的，正如爱情一样。实际却并非如此，人世间有许多长时间存在的激情。例如，画家绘画的激情、革命家从事革命的激情等。人在充满激情的时候，不仅在心理上充满能量，生理上也仿佛有了某种动力。有时候，这种能量和动力甚至能让一个人克服对死亡的恐惧。

人的一切追求都必须建立在生理和心理需要之上，没有需要，则没有动力。所以，人的需要的能量是相当强大的，绝对可以称得上是人的主宰，无论是文化还是教育，都无法改变它的方向。总之，人的一切行为都是建立在人的需要基础上的。这个结论可能很多人不愿意接受，其主要原因是它有悖于传统的观念。而且，长期以来，人们普遍认为“思想控制行为”。实际上，这种说法并不正确。

首先，我们来分析行为的种类，大致可分为两类。一类是无意识的外在表现，如哭、笑、愤怒等。另一类是有意识的行动，如打仗、工作、绘画等。第一类行为显而易见，属于生理的范畴，与思想无关。第二类行为则和思想有关系，但无法被思想控制。

动物为什么要行动呢？其根本是生存的需要，不行动就会导致死亡。另外，动物个体还担负着繁殖的自然使命，不行动也就无法繁衍。所以，动物个体不得不出去觅食、择偶和躲避天敌。我们应该看到，行为是有目的的，这个目的就是个体的生存和物种的繁衍。对于人类群体来说，还有一个目的就是维护群体的稳定性。

行动是辛苦的。动物之所以不辞劳苦地行动，是因为被迫的，而这背后一定要有动力推动。这个动力便是不以意志为转移的需要，并且，个体的需要是在进化之中早已植入个体的。思想是客观现实的反映，这无疑是后天的产物，根本无法完全控制行为。当然，我们应该肯定理性的巨大作用，有了它，我们可以更好地感知、认识、适应和改造这个世界，有其他动物所无法比拟的生存能力。

但是，我们也应该知道，无论人类的理性多么强大，它所起到的作用不是决定性的，仅仅有指导性，它可以使人的行为更加科学和有效。弗洛伊德等心理学家早就发现，人脑中不单单有思想，而且还有感觉、欲望和情感等生理性的东西。而且，人脑中的意识只占很小一部分，绝大部分都是无意识的内容，而这些无意识的内容才具有更强大的能量。

可以这么说，人的机体决定行为的目的，而思想决定行为的方式方法。例如，对于偷窃的行为，其目的是获得财物，其最终目的则是更好地生存并得到快乐。对于目的来说，所有人都是一样的。但方式却多种多样，偷窃只不过是其中一种，而且是错误的方式。

总之，动物在自身需要的作用下靠着本能生存，而人在自身机体需要的驱使下靠着本能和理性来谋生。人因为有理性的存在，所以区别于其他动物，并最终站到了食物链的最顶端。但在本质上，理性仍然只是手段，而生理和心理的需要才是根本目的。

## 6. 你会不会追求与自身需要无关的幸福？

幸福是一种感受，确切地说应该是一种心理感受和生理感受，这种感受并非来自人的意志，而是来自机体需要的满足。没有人不向往幸福，纵观人类历史，就是一个不断追求幸福的过程。数千年来，人们拼命地劳作、学习、创造，除此之外，还进行着像战争这种高危险的行为。历史上，很多学者都对幸福做过诠释和探索。德国哲学家费尔巴哈说："对于幸福的追求是所有人的最基本和原始的追求。"但是，幸福究竟是什么，这个问题直到现在还没有确切或者公认的答案。有很多人觉得幸福因人而异，但我认为，只要抓住幸福的本质，总有一个确切的定义。

首先，我可以肯定的是，人的机体中存在着需要，机体需要得到满足就快乐，反之就痛苦，这样，幸福就必然与机体需要紧密相连。纵观历史，很多学者的错误就在于没有从幸福本身去探讨，而是多从幸福的手段求诠释。例如，亚里士多德认为，幸福就是合乎德行的现实行为；柏拉图认为，幸福就是德行。这些理论虽然有其价值所在，但都没有涉及幸福的本质，会造成矛盾和混乱。

人是有感觉的，而且感觉也可以影响情感，使我们表现出快乐、自豪、恐惧、羞愧、忧愁等心理情感。如果简化一下人类的感觉，就可以分为两类，快乐和痛苦。快乐的感觉是人们所喜欢的感觉，是机体需要获得满足时的状态，是所有人向往的。所以，人们自然而然会把获得快乐的感觉称之为幸福。幸福等同于快乐，快乐代表机体需要的满足，进而说明人的生存、繁衍以及群体稳定责任都得到了巩固。在实际生活中，每个人都得到过幸福。例如，在非常饥饿的情况下大口大口吃饭，天气炎热时到河里洗澡等。

由此可见，幸福是一种生理和心理感受，这种感受和人的意识无关，而是机体需要的满足。那么，是不是只有快乐才能称为幸福呢？并非如此，因为需要的满足并非只有快乐，还有无痛苦的状态。

自然界为了保护机体的安全，让每个人都具有疼痛感，人们惧怕这种疼痛感，力图躲避这种疼痛。因此，人们摆脱痛苦的欲望有时比获得快乐更加强烈。研究表明，人的需要满足更多地表现为既无快乐也无痛苦的平静状态，从日常生活中来看，即使一个人的机体需要得到了满足，这个人快乐的时间也是短暂的，而他大部分时间都是在一种平静的状态中度过。所以，无痛苦也是幸福的一个重要方面。古希腊哲学家伊壁鸠鲁把身体的无痛苦和灵魂的无纷扰当作真正的快乐，并认为快乐的极限就是一切痛苦的消除。由此我们可以得出结论，幸福就是肉体和精神的快乐和无痛苦。

很多人认为，每个人的幸福不同，依据是每个人的认识、爱好、生活环境和性格不同，所以他们各自的幸福也不同。对于同样一个事物，有的人喜欢，有的人不喜欢；有的人感到快乐，而有的人无动于衷或痛苦。但是，幸福在本质内容上是相同的，就是个人机体需要的满足，而满足这个基本需要所需的东西在本质上也是相同的。一般包括这些具体内容：满足食物的需要、满足睡眠的需要、满足健康和温度的需要、满足性的需要、满足安全的需要、满足好奇的需要、满足美的需要、满足情爱的需要、满足母爱的需要、满足好胜的需要、满足尊重的需要等。有了这些基本的东西，人人都能幸福。具体，我们可以把幸福的内容归为以下五类东西：一是充足的物质；二是美丽或英俊的异性，健康的子女以及和谐的家庭；三是丰富的娱乐活动和社会活动；四是受人尊重；五是轻松的工作。

物质条件是幸福的基础，通常，有了充裕的物质条件就能获得大部分幸福，不仅能满足生理需要，而且还能为情感需要提供有力的保障。有些人过分强调精神生活的重要性，认为物质生活不应当去追求，因为很多富翁仍然过得不幸福。我认为，一个人在物质生活满足的情况下，感到不幸福只是对更高的情感需要的一种追求且不可得的心态。例如，一个富家子弟衣食无忧，但追求一个喜欢的女人被拒绝，有可能会感到痛苦。这不代表他不幸福，或者说，只是他此时此刻短暂的不幸福。整体来说，他比那些食不果腹、衣不遮体的人要幸福得多，他不用忍受每天饿肚子的痛苦。

在一切的幸福中，身体健康是远远超越其他幸福的，也可以说，一个身体健康的乞丐比疾病缠身的富豪更加幸福。生活舒适也是一种幸福，其本质就是集体疼痛感的减少或消失。生活舒适主要有吃、穿、休息、娱乐方面的舒适，还有一个重要的方面就是工作轻松。任何人为了生存和生活都需要劳作，而劳作需要付出体力和脑力，这都会给我们带来或多或少的痛苦和艰辛。人世间有很多劳作是相当辛苦的，所以，追求工作的轻松也成了减轻痛苦、寻求舒适感的一个重要方面。

除了生理需要的满足会带来幸福感之外，情感需要的满足同样可以，该满足能够带来更加持久和广泛的幸福感。主要内容包括发现新奇的事物，听到某个故事感到兴奋，被正义的事情引起的激动以及胜利的喜悦和与恋人甜蜜时候的陶醉等。情感需要长期得不到满足容易引起疾病，甚至影响人的寿命，这已经被医学所证实。

我认为，经常感到幸福的人，是那些寿命比较长的领导者、革命家、科学家、艺术家等。他们经常被激情环绕，受到人们的尊重和爱戴，时常会处在高度兴奋之中，而且，他们工作和事业本身就是在满足他们的情感需求，这是非常难得的。要想达到健康长寿、生活舒适、心理愉快和情欲满足，物质所催生的生理满足必不可少，大概占到60%，而情感满足则占到40%。

在生活中我们会发现，人的大部分情感满足与自己的脾气、性格以及道德修养有很大的关系。有好的性格和心态，就能够减少痛苦，并多一些快乐，这种人自然要幸福一些。而好的道德修养又因此会受到尊重，这样就能积极地与周围的人群打交道，使自己的生活变得丰富多彩。

另外，我们还应该了解到，一定程度的激情对于人生的幸福有着非常大的作用。一个没有激情的人，在一生中很难有大的发展，而且也不会有持续高档的幸福。当然，我所说的幸福并不是一时的心血来潮，或者是看一部小说、听到一个感人事迹所带来的短暂情感波动，而是长期的为自己所热爱的事业不停奋斗的激情。这也就是革命家、艺术家和科学家会比普通人容易幸福的原因。

什么叫人生？人生就是生存和生活的经历，人无时无刻不在生活，每时每刻都在经历着人生。什么叫生活？生活就是人为了生存和繁衍而进行的各种活动。究其本质，生活就是过日子，就是柴米油盐，就是谋求自身需要满足的过程。人既有物质需要也有情感需要，因而人也有物质和情感两个方面的生活，即物质生活和情感生活。人之所以有生活，是因为人的机体有各种各样的需要，这是生活的本质。

在有些人看来，生活非常容易，不需要努力去追求。也有些人认为生活非常艰难，即便用上全部力量都不一定能生活好。事实是这样的吗？在整个生物界每个生物都艰难地活着，即便如此，每个时刻都有大量的生物在生存竞争中死亡。在人类的历史中，有相当长的一段时间都是为温饱而斗争。直到现在，在欧洲仍然有相当一部分群体为了温饱而四处奔波。

现在对于很多人来说，活着如果仅仅是为了填饱肚子，那么就可能剩下大部分的时间空闲。但实际上，人的需要非常大，缺少哪一种需要都会有痛苦的感受。这些感受有的非常强烈，人不得不受这些需要的控制。因此，活着不仅仅要解决温饱问题，还要过着快乐和无痛苦的生活。

最后，我还要强调一个关键的问题，那就是人会不会追求与自身需要无关的幸福？这个问题很多人都是持肯定态度的，而我是持否定态度的。因为幸福的本质就是实实在在的机体感受，没有这种感受就不能称为幸福。对于一个国家来说，应该坚定不移地谋求人民幸福，而且个人幸福和社会幸福也是一致的。因此，一个国家一方面要教育人们热爱国家，另一方面要充分肯定社会条件下追求个人利益和个人幸福的合理性，要让人们看到自己的利益而不是回避它。

一个人要想获得幸福，首先需要奋斗，这是获得幸福的基本途径。对个人来说，通过奋斗有了充足的物质条件就一定会幸福吗？也不尽然。幸福有的时候是一门学问，需要认真研究。奋斗是手段，幸福是目的。

人的物质欲望其实最容易满足，而且满足之后欲望就会消失。而情感方面的欲望却不同，情感欲望是由内在情境因素影响而产生的，如果在某件事上的情感是持续强烈的，那么这些情感就会不断加强。比如情欲没有限度和尽头，很容易出现上瘾的情况。而人的机体是平衡的，情感需求一旦上瘾，就会产生不良的后果，轻则影响生活和工作，重则造成各种心理疾病。

# 第九章

# 我们看到的可能是一个“假世界”

对于世界的本质问题，在以往有大批哲学家参与了研究，这些人组成了一个流派，叫“形而上学”。当然，“形而上学”的意思并不是我们现在认为的那种孤立、片面观点的总称，它研究的是那些关于无法靠感知来得到答案，只能通过理性的分析和逻辑推理得出的关于本质的诸多问题。研究所谓“形而上学”理论的哲学家看似相当高深莫测，但实际上却陷入了荒诞。既然一个东西看不见、摸不着、感觉不到，那就非常难以入手，何况人们的认识水平还不高。遗憾的是，很多学者好胜心太强，最终使自己的研究陷入了死胡同，甚至自己也变成了神经质。

那么，我们应该研究世界的本质问题吗？答案是肯定的。但同时，我们也应该注意到研究的曲折性。不论是哪一代，都不可能将某一事物研究得面面俱到，也不可能得出可以应对一切的终极真理，它总是不完善的。作为我们来说，首先要明白，世界再复杂，也有一切明了的那一天，所以不要像尼采那样持悲观态度。但同时，我们也不要“五十步笑百步”，嘲笑我们之前的世界、社会和阶级的腐朽，因为存在自有其道理。

## 1. 为什么形而上学打不过辩证法?

古往今来,研究世界的人数不胜数,遗憾的是,大多数人都遵从所谓的形而上学,很少有人关注纯粹的哲学。很多人觉得纯粹的哲学就意味着脱离实际,走向了虚无缥缈,事实却并非如此。哲学其实是时代精神的体现,它要求全面具体地看待世界,所以它更加真实。由这点可以看出,研究世界的哲学离不开辩证法。

哲学中的辩证法就是以一种将对立面包括在研究内容中的学问,它不执着于世界的一个方面,而是在理解的基础上行事。哲学上所说的“全面”,并不像某些人理解的那样,就是穷尽事物的一切道理和属性,因为这又陷入了形而上学。它的全面在于可以看到自己相反的一面。在这样的角度下看待世界,我们就会清晰明了。例如,研究冷的时候我们想到热,研究光明的时候我们想到黑暗,研究生存的时候我们想到死亡。

这就是面对或研究世界的正确方式。这种新方式并不是向抽象靠拢,而是从抽象到具体。走到这一步是相当困难的,因为绝大多数人都觉得越抽象越高级,越能引起探索的兴趣。实际上,这又是不切实际的幻想。

那么,怎样利用哲学辩证法研究世界呢?很简单,就是要在空间视角上加上时间视角。因为我们所面对的这个复杂的世界并不是僵硬的,而是具有历史性和时间性的,它永远变化发展,万事万物无不打上了时间的烙印。在这个发展过程中，充满了各种矛盾和对立，当然，也有协调和融合。总之，它充满了对立面的转化和统一。

用这种观点看待世界后，就会发现世间万物都存在着联系和不同。我们可以暂且将其分为外在关系和内在关系，外在关系就是事物的种种属性和他物之间的变化联系；内在关系相对复杂，它并不是单纯的事物内部组成的联系，而是事物内在变化，即在时间变化之中的联系。存在与非存在就是一个最典型的内在关系。一般情况下，内因需要经过漫长的时间才能够显现出来。

世界本身就存在着各种矛盾，一个事物的存在必然会包含它的对立面非存在，任何事物都会向着它的对立面转化。我们虽然不知道事物究竟会转化成什么，但我们可以肯定的是，世界上的任何东西都不是永存的，它们都会由存在走向自己的对立面非存在，而非存在也包含在存在之中。

掌握了事物的内在矛盾之后，我们就把握了事物的本质。但我们需要注意的一点是，把握事物的本质并非抛弃现象。因为本质是通过现象体现出来的，谁也不可能绕过现象而直接看到本质。同时，这也是18—19世纪形而上学的哲学家最容易犯的错误。但是，如果我们要正确研究世界，就必须做到：“透过现象看本质。”

我们一定要理解好存在与非存在，以及事物的外在关系和内在关系。其实，事物的外在关系就是内在关系的投射和体现。世界上很多事物在现象上可能没有任何关系。例如，牛和马这两样事物，区别非常大，在古代的战争中，都喜欢马而讨厌牛。但是，很多将领意识不到非存在中其实也蕴含着存在；二者是可以相互转化的。在只有牛的时候，我们完全可以采取一些思路，使其发挥马的作用——将牛的尾巴点上火就能用来冲锋陷阵。

我再举一个非常简单的例子。桌子和椅子是一种对立统一的关系，因为非椅子和椅子是对立统一的，而桌子又包含在非椅子的范围内。非椅子是因为我们设定了椅子这个概念随之而来的，这也说明了当我们设定了一个存在或非存在后，都会自然而然生成一种对立面。

所以，我们把僵化转变为“发展变化”，把“外在”转换为“内在”并不是一种胡思乱想，而是解释着一种世界是普遍联系的真理。许许多多的事物从表面上看离我们很遥远，但当我们看待它内部的对立统一的辩证关系后，又发现它离我们很近。就像日月星辰一样，它看似离我们非常遥远，但无时无刻不影响着我们的生活，离开了它们，我们也不复存在。所以，在自然科学还没有发展起来的远古时代，我们的祖先就已写了许多诗歌来赞颂它们了。

从认识论上来说，我们所研究的对象是一个不以人的意志为转移的客体，而主体和客体也是对立统一的关系。因为一切的非主体都是客体。所以，主体与客体的关系仍然是在存在与非存在的关系之中。

哲学使人类的知识摆脱了“急功近利”，使其能够在自由的天地中发展。一方面，哲学是严格的，从康德的三大批判到黑格尔的古典哲学，再到胡塞尔的社会学，哲学一直被认为是严肃的；另一方面，它的对立面又相当自由与活泼，我们通过事物内在和外在的联系，将看似“风马牛不相及”的事物联系到了一起。

用辩证法的观点来看，古往今来的各种事物都在我们的研究范围内，它们共同构成了我们所生活的客观世界，还有我们的精神世界。

## 2. 为什么闭门造车不如摸着石头过河？

在现在这个时代，我为什么要继续讨论世界呢？因为我发现很多人所谓对于世界的研究，仅仅是从字面的意思进行的，脱离了哲学所要探讨的基本问题，而且还给它们起了一个好听的名字叫“生活哲学”或者“哲学应用理论”，实际上都属于伪哲学。反之，他们对于那些看上去晦涩难懂的理论，就盲目地冠名为“脱离现实”。

以往的时代，有很多哲学家觉得如果要探寻世界的本质，就不能依靠经验，也不能总结和归纳。这个理论早在笛卡尔时代就已经开始了。哲学家大卫·休谟则尖锐地指出，现在所谓的自然科学只是一些概念或常识，是只限于经验的糟粕理论。康德吸收了笛卡尔和休谟的观点并加以总结。他认为，理性不能从感觉经验中总结出来，因为感觉经验是复杂多变的，唯有理性才是纯粹统一的，只有不变的东西才是最可靠的。

既然康德认为理性最可靠，那么，理性究竟是什么呢？这个答案恐怕绝大多数人都不知道。当我们通读康德的著作后会发现，他所说的“纯粹理性”仍然是一种形式上的东西，它的出现无非是强调经验的错误和荒谬。其实，它也可以理解为“逻辑的”，即后面的命题并不是由经验归纳总结的，而是由前面的命题推导出来的。

康德的最大贡献其实就是将旧的哲学斩断，用逻辑来解读事物。但康德是矛盾的，他一方面渴望纯粹，另一方面又在经验中探索，因此陷入了一个怪圈之中。英国的唯物主义哲学家培根就一直坚持理性围绕着经验的观点，所以他一生都不迷茫。虽然康德在研究的过程中一直利用经验来归纳理性的东西，但他在主观上又不承认经验的重要性，因为他认为经验没有理性纯粹，所以理性不可能依托于经验而存在。康德立志要效仿哥白尼，让哲学来一场翻天覆地的大变革，确切地说，他要把从“主体围绕着客体转”的思路转变为“客体围绕着主体转”。

这个问题非常复杂，或者说，是康德把这个复杂的问题第一个摆在了我们的面前。康德认为，理性可以主导经验，但不一定能主导其他东西，所以，那些不是感觉经验的东西，比如说“上帝”就不能存在于理性的王国中。康德在《纯粹理性批判》中提到，“一方面要仔细研究理性的主导作用，另一方面还要仔细界定它的范围，防止它超过自己所能管理的权限”。康德的这一划分意义非凡，因为这样一来，信仰以及一些旧的形而上学的内容就被阻挡在了科学的大门之外。从这里我们可以看出，康德本人是很重视感觉和经验的。所以说，他并不是完全的形式主义。但是，他仍然犯了一个致命的错误，就是他认为有很多东西是靠感觉经验认识不了的，理性也无法完成这个任务。所以，康德属于不可知论的代表人物。

康德曾经说，他之所以给理性和经验划定界限，是为了给信仰留有余地。实际上，他对信仰的概念也是模糊不清的。我们也只知道，康德把道德归为信仰方面，认为道德是自由的，所以它不能成为一门科学。因为像道德里面的善恶、幸福等内容根本没有必然性，也没有可预测性。在道德领域中，动机和结果都是不确定的，幸福也不是可以推导出来的。在这个世界上，有很多道德高尚的人不得善终，也得不到幸福。而很多道德败坏的人，却可以身居高位，锦衣玉食。这说明，在经验组成的客观世界中，道德和幸福的统一只是偶然性的，我们不能通过理性推导出必然来，我们也可以说它是“不可知”的。

康德所说的“不可知”，并不是说我们无法依靠感觉经验获得材料，而是说我们的理性和知识无法约束它们。例如，当我们做了一件好事的时候，谁也无法推测出我们的动机是好的。同理，我们也无法推测一个人的动机是好的，就一定能做出好事来。

康德是个有神论者，他描述了一个神圣的天国，只要人们不断“修善”，就能架起通往天国的桥梁。因此，康德认为，灵魂是不朽的，只有这样，人类才能超越寿命的限制，永远地“修善”。

黑格尔并没有把探索世界的问题当作一些抽象的概念，而是放在一个基于时间和空间的发展过程中来研究的。这是一个开创性的进步。黑格尔把康德的绝对哲学发展成了一个有矛盾和斗争的过程哲学，他认为，绝对就存在于相对的事物中，无限就孕育在有限之中。同时，这个理论成为后来现象学的基础。

在一定程度上，黑格尔的哲学扩大了康德“认识论”的范围，但改变了康德“认识论”的基础和来源。康德认为“知识”的来源主要有两个，一个是理性，另一个是感觉经验。而黑格尔又加上了一个来源，即理性的先天形式。黑格尔认为，知识并不依赖于感觉经验，因为人的心灵在最开始并非一块白板，任凭外界进行勾勒，而是具有主观的能动性，精神也不需要外界的刺激就可以自动往外扩展。所以，黑格尔眼中的“知识”，就是精神对世界意义的把握。

在黑格尔的眼中，精神通过“努力”，把自身接纳到自己的家园中来。我们在研究黑格尔的绝对哲学时，应该注意两个重要的方面。一方面，我们应该看到黑格尔“无限绝对”是体现在“相对有限”之中的。有限因为缺乏会发生变化，变化是无限的，所以“无限”是在“有限”之内的。在这种思想的作用下，黑格尔的哲学不会陷入陈旧的概念框框中，而是永远保持着一种能动性。另一方面，我们也应该知道，康德花费大量时间论证的经验科学，反而成了孤立和静止的。

前期的黑格尔虽然用发展的眼光看待问题，但后期又陷入了僵化，因为他认为精神已经不能作为一个历史进程，而应该作为一个概念的推演结构，它把精神组成的时间和历史进程都纳入了逻辑推演，这又变成了抽象化和概念化的东西。黑格尔所说的“绝对精神”在最初的时候也只是形式上的，没有具体的内容，但当绝对精神经历了一个过程，回到自身后，就有了内容。

## 3. 伪善就是不得不做的善举？

我们有必要对“伪善”有一个更加深层次的理解。首先要知道的是，人的本性是非善也是非恶的，只有当人的自然本性在社会关系中起作用时，善恶的问题才会显露出来，人性中所包含的本质被染上了道德色彩，善和恶才被人们区分。

其实，善和恶既可以用来表示本性，也可以用来表示“伪善”。对于西方哲学来说，伪善就是“善”的行为并不是发自内心，而只是流露于外表。古代哲人们曾经记载伪善有三个具体表现：一是只说不做，对别人谆谆告诫，但自己却根本做不到；二是内心的想法和外在的表现不一致；三是自以为是，喜欢评论别人。以这三点为基础，我们就可以分析出伪善的本质结构。

一般说来，任何一种伪善的存在，前提都是本性之善的缺少和人为之善的存在。所谓的“本性之善”，包括苏格拉底的良知，亚里士多德的友爱和大卫·休谟的仁爱，另外还有卢梭的四种内在品质等，它们都属于“本性之善”的范畴。所谓“人为之善”，就是指后天形成的，是教育的结果，属于社会伦理的范畴。比如忠诚、孝顺、贞洁等，都属于人为之善。

伪善现象的存在，说明了个体的内在伦理和社会伦理之间存在着尖锐的矛盾和冲突。关于这种现象，很多哲学家对此做出过描述。卢梭说："人类的所有进步，不断使自己与它的原始状态背道而驰。"因此他认为，人类必须从现在开始就要辨别自身的属性哪些是原始的，哪些是人为的。持类似立场的还有柏格森，他将原始的状态视为爱的道德，而后天形成的视为社会压力下的道德。所以，我们可以这样认为：如果一个善行的实施并非来源于自然本性，而是完全为了社会道德需求，那么这个行为就可以认为是伪善的。

显而易见的是，这样定义伪善是非常极端的，因为这会使人误以为伪善就是"虚假的善"，这就把伪善的范围强行扩大了。例如，在反对侵略战争的过程中，侵略军的一分子出于正义感投靠了敌方，这也是追求某种社会道德意识的行为。按照定义来说，这是伪善的。而实际上却并非如此。我们可以说，伪善概念的出现是"道德本体论"与"道德现象学"之间的矛盾冲突。

所以，我们必须将这个定义修改。从本质上说，真正的伪善应该是"自身是善"与"他人眼中是善"之间的根本对立。前者不仅仅指那些天生的道德标准，也包括后天学习的内容。而后者则表示那些并不是出自本能，而是为了满足社会道德需求才做出的行为。在这个定义下，伪善主要表现为思想与言语的不统一，以及言语和行为的不统一。例如，有一个脾气暴躁、经常打人的年轻人为了追求到自己心爱的女人，刻意在一段时间内表现得非常温和，从而把自己伪装成一名绅士来获取姑娘的芳心。这实际上就是一种伪善。可以这么说，并非所有的人为之善都是虚假的道德，但所有虚假的道德都是人为之善。

"不得不做"的善举一般会被认为是伪善。例如，有个人并不想孝敬父母，但在社会道德标准的压力下，他又不得不这样做。那么，他的孝敬就含有伪善的成分。所以，如果一个人的行为不是出自本意，而是为了尽一种义务才做善事，就难免会陷入伪善之中。再如，一个母亲对自己子女的爱护是出于母爱，那么这里就不会出现伪善的问题。反之，如果其对于子女的关心是为了其将来可以赡养自己，那么这种行为就明显带有伪善的因素。

还有一种伪善，平时不易察觉，就是自以为是地评判自己和他人。例如，当我们看到有人落水的时候，并不是出于恻隐之心而救人，而是先想想这件事是否是善事。那么，在这种情况下的行为就是一种伪善。

伪善现象之所以能够存在，主要是因为自然的道德和社会道德的分离，它们是人类道德意识的两个不同来源，并且常常会发生矛盾。只要这种分离现象存在，伪善就永远无法根除。

公元前 399 年，伟大的哲学家苏格拉底被雅典人民以投票的方式判了死刑，理由是蛊惑雅典城的青年背离信仰。当时，苏格拉底完全有承认“错误”的机会，也能想方设法依靠赎金换回自己的生命，但他拒绝这样做。苏格拉底曾经说：“我的内心有神明的声音在一直指引我前进。”从苏格拉底的这个案例中有一个值得我们怀疑的地方，那就是他所说的“神明的声音”究竟是什么，其实就是内心的良知之声。当我们认为一个看法是正确的，或者主张一种道德是合理的，依靠什么样的标准呢？是普遍流行的，还是权威的，抑或某个特定习俗约定的呢？这很难说。但我们可以肯定的是，苏格拉底并没有利用这些标准，因为他并不认为包括审判官、元老和议员在内大多数人的意见能代表真理与智慧，而是把目光都集中在自己身上，听从内心的声音。因为他也曾不止一次地教导弟子，要将人生的目标定在对内心安静的追求与内心世界充实的基础上。

从总体来看，苏格拉底并没有无视法律和神灵这些具有普遍约束力的事物，但他最终依靠的还是遵从自己的“良知”。很多哲学家看到，智慧和良知是可以画等号的，也就是说，人的知识不仅仅是关于自己状况或行为的知识，同时也包括一定的关于道德价值的知识，还有就是他所遵守的规则的知识。总之，我们可以肯定，良知绝对不是先天就有的道德准则。

黑格尔把良知看作一个道德范畴的东西，并将其看成一种精神，他直接确定自信是绝对真理的存在，良知的真理性就在于其自身的确定性。所以，黑格尔将良知同真理等同起来。

黑格尔认为，在苏格拉底时代，雅典民主正处在衰退时期，苏格拉底本人为了逃避现实，于是退缩到自身来寻找正义与善良。所以，那个时代的良知就是对自身的深刻认识。也就是说，自身的道德动机在一定程度上决定着认识动机。

如果有一个人因为酗酒而在失去理智的情况下伤了人，那么他虽然不能逃脱法律的制裁，但无须受到良知的谴责。反之，如果他明知自己醉酒后会不自控，却仍然去喝酒，即使他后来免受处罚，也会因此而受到“良知”的谴责。从这可以看出，对自己行为的“自知”可以作为良知的基本特征。良心与良知是两个完全不同的概念，同时两者又都见证了一个本质的联系，所谓良心，就是指一种朝向自身的道德判断力。

今天，我们所遇到的精神危机与日俱增，这是因为我们的一些核心价值被颠覆了，走向了一种“绝对的相对主义”。例如，当我们评判一种行为正确与否时，并不是按照普遍的价值观或者某种真理，而是个人经验的好恶，即个人根据自己的喜好定标准。这样下去，每个人都会有自己的标准，就会很容易导致伦理的丧失，不利于这个世界的稳定。

解决伪善和失去良知的办法有很多种，最常见的是重建传统。这个道理很简单，就是将我们曾经失去的价值观和信仰重新拾起来。不过需要注意的是，重建传统并不是简单地回归传统或复制传统，因为陈旧的传统也是在那个早已腐朽的社会建立的，不可能套用在现在的社会中，我们只有去芜存菁，重新建立一个新的体系，才能真正解决这个千古难题。

## 4. 看清世界，用“心眼”不如用“物眼”

很早以前，人类关心的只是温饱、生存等问题，他们没有时间停下脚步去思考自己、思考世界。但随着人类文明的进步，人们在辉煌的历史中，逐步开始审视自己和世界。我们希望自己是世界上独一无二的存在，但同时又在寻找着与世界的种种联系。在探寻自己本原和世界本原的过程中，我们渐渐发现了人类与世界的联系，或者说发现了我们与世界的共同之处。

我们是世界的一部分，而世界又该怎样来界定呢？我们希望找到一种东西来解释世界与我们乃至世界万物的共同之处。经过人类漫长的思考，这一问题逐渐拥有了一个令大多数人信服的答案，即世界是物质的。而坚信这一点的人被称为唯物主义。

世界上存在着各种各样的现象，这些现象中存在着某种统一且普遍的本原，而物质就是这一本原。

早期人类的思维能力较弱，只能对具体事物形成直观认识，还无法提出“世界的统一性是什么”的思考命题。于是，古代哲学家出现了。这些人开始将思考的重心转移到世界的本原上，并渴望找到世界万物共同的本原。世界上有多种多样的事物，它们统一的基础究竟是什么呢？古往今来，哲学家们把这个问题当作哲学的主要任务，并乐此不疲地探寻着它。

在哲学史上，有哲学家提出“水”是万物统一的本原，也有哲学家认为缤纷多样的世界是由某种统一的东西演化而来的，还有哲学家将“一切是一”的命题搬上了哲学的殿堂。亚里士多德对人类早期哲学家的思想进行过评价，他认为许多早期哲学家相信世界万物是由某种统一的东西构成的，这种东西不仅产生了世界万物，同时也是它们最终的归宿。这种东西是一种实体，具有永远同一性。它只遵循自己的规律进行变化，而无论它如何变化，都是世界万物的元素和本原。

世界的统一性问题是哲学家们首先要回答的问题。通过对这一问题的回答，这些哲学家可以清楚地表明自己的哲学立场。而这一问题主要包括以下两个方面：

**第一，世界万物究竟有没有统一性。**

对于这一方面，根据哲学家们给出的答案，可以将其分为三大类别：一元论、二元论和多元论。

如果哲学家主张世界万物存在着统一且普遍的本原，那么这类哲学家所坚持的就是一元论。主张二元论的哲学家否定世界的统一性，并认为世界是由两种元素组成的。多元论者同样否定世界的统一性，并认为世界是由多种元素组成的。无论主张二元论或多元论的哲学家认为世界由几种元素组成，他们在思考的最后都会倾向于精神一元论或物质一元论。

若世界是统一的，那么它统一于什么？

哲学家对这一问题有两个答案：一是世界统一于精神，二是世界统一于物质。根据这两种主张的不同，我们将主张第一种观点的人称为唯心主义，主张第二种观点的人称为唯物主义。

唯心主义者认为世界上的所有事物和现象都是以人的主观意志为统一基础的，或者说人的感觉是世界产生的基础，通过人的感觉才能产生世界等。由这种观点产生的相关命题有“世界是自我创造的非我”“存在就是被感知”等。这种观点会导致荒谬的唯我论的产生。

唯心主义和唯物主义在哲学上是对立的存在，两者在哲学史上进行了长期的斗争。唯心主义是根本错误的。

在哲学的初级阶段，人类对客观物质世界的认识还停留在比较浅显的层面。而古代朴素唯物主义正是在这一阶段产生的。古代朴素唯物主义认为，世界统一的基础是物质的一种或几种形态，比如关于气、火或原子等的一元论学说。近代唯物主义认为，原子是世界统一的基础，并用与原子相关的自然科学来反对唯心主义。机械唯物主义认为，事物的量的差别决定了事物的质的差别，世界的统一是服从于力学原理的统一，这种把自然科学与世界物质统一性相混同的观点有着形而上学的局限性。

辩证唯物主义以科学材料为基础，以唯心主义和唯物主义的斗争结果为经验，通过概括和论证对世界统一性问题做出的科学回答。这一答案的特点在于它既具有唯物性，又具有辩证性。

世界具有物质统一性。这是哲学的重要命题。辩证唯物主义信奉这一命题，并坚信所有与之相悖的观点都是错误的。另外，对于那些在这个问题上含混不清的说法，辩证唯物主义者都会与之划清界限。

**第二，世界万物统一于什么？**

有哲学家认为“世界统一于存在”。这其实是一种含混不清的观点，这里的存在既可能是物质存在，也可能是精神存在，但提出这一观点的人并没有将这种存在明确地表达出来。而辩证唯物主义给出了一种确切和科学的答案，即“世界是物质的统一”。

古代唯物主义是通过对世界的直接观察和猜测，才给出世界具有物质统一性的结论。而机械唯物主义则是依靠一些科学材料来给出这一结论。但这些探索的方式都不适合辩证唯物主义，因为辩证唯物主义所走的探索道路更加高级，它是以理论思维的科学抽象来论证这一问题的。

对于世界的物质统一性这个问题，辩证唯物主义赋予了其更高和更广泛的意义。在这个问题上，辩证唯物主义者也许只看到了局部、特殊和有限的东西，但最终他们却能从局部领会整体，从特殊预见一般，从有限了解无限。他们眼中的世界的物质统一性不是机械和死板的统一，而是无数不同种类现象和事物的统一。这种统一的基础既不是不变的粒子，也不是所谓的特殊的原初的物质，而是一切物质所共有的物质性，或者说客观实在性。

世界是物质统一的，也是无限发展的，所以世界的物质统一性不是一个短暂的、间断的过程，而是一个永久的、持续的过程。从古至今，人类对物质世界的认识不断深化和提高。不管是通过科学证明世界的物质统一性，还是利用哲学论证世界的物质统一性都有了明显进步。

随着科学的发展和人类对物质世界认识的提高，人类对世界物质统一性的论证也相应提高。而在这种提高的过程中，世界物质统一性这一问题的内容和形式也将越来越丰富。

在科学与实践的长期发展中，世界的物质统一性被一点点证明出来。人类所创造的天体力学、天体化学等学科，不仅证明了其他星球与地球有着同样的物质基础，同时也揭示了它们拥有着同样的物理运动规律。如今，人们已经可以利用高能加速器制造出与宇宙射线粒子同样的粒子，利用能量转化定律解释物质运动的联系和统一，利用无机物创造有机物并证明两者之间的联系，利用有机物和无机物的联系推知生命物质的联系等。

生物世界和非生物世界共同构成统一的物质世界，物质世界是统一物质世界的一个发展阶段的产物，而非生物世界是其另一个发展阶段的产物。自然界在长期发展的过程中形成了生命现象，继而形成了成分与结构更加复杂的物质形态的生物体。DNA 是生物遗传密码，同时也是一种解释生物界物质统一性的标志。相对论揭示了物质运动和时间、空间的统一，“原子模型”揭示了物质结构的统一性，系统论揭示了物质整体性的统一，控制论揭示了物质有序性的统一，信息论揭示了物质的联系性和作用性的统一。

意识是人脑的机能，既是一种高级物质形态的产物，也是一种客观实在。人类社会是物质世界发展的高级阶段，它的存在和发展离不开物质生活条件，各种社会关系是由物质力量和物质关系所派生的。可以说，人类社会发展的历史就是物质社会发展的历史。

千差万别的事物、变化无常的物质现象、一切的精神和意识现象都统一于客观实在的物质，它们拥有着固有的，统一的基本属性和规律。时间、空间、运动等是物质的基本属性，所有物质的存在都离不开这些属性。辩证法为人们揭示的是物质运动发展的基本规律，而辩证唯物主义为人们揭示的则是世界的物质统一性原理。将这一原理贯彻到底就形成了科学、完善的物质一元论。

世界的物质统一性原理不仅对社会科学和自然科学具有指导意义，同时对人类的一切实践活动也具有指导意义。我们正在思考着的世界、准备改造的世界都是物质世界。它也是唯一的现实世界，它的一切都统一于物质，因此具有客观实在的根本特性。无论我们在何种情况下从事何种工作，都应该从客观物质世界出发，从实际出发，遵循物质运动发展的客观规律，坚持走理论联系实际的思想路线，做到实事求是。

## 5. 世界上没有永不凋谢的花朵

我们生活的世界是物质的世界，物质世界中的一切事物都处于永不停息的运动、变化和发展之中。所以，我们说物质世界既是永恒运动的，也是不断变化发展的。在这些运动、变化和发展中，它们会不断发生、生长和消亡，同时也会建立普遍的联系。

所谓事物的普遍联系，指的是事物之间及其内部各要素之间的相互作用。这种相互作用是客观和普遍存在的。这种相互作用是事物运动、变化和发展的推动力。正是由于它的存在，事物才能拥有不同的姿态，发生千变万化，也才能推陈出新，进行生死交替。

自然界的各种事物之间存在着普遍联系，这种联系是建立在它们的相互作用的基础之上的，也就是建立在运动之上的。从结构状态来看，各种事物之间都保持着一定的联系，发生着相互作用。从功能状态上来看，各种事物都保持着具体的运动形式。事物的运动过程必定伴随着它们的变化和发展。

物质的根本存在方式是运动，物质和运动是相互依存的，它们无法脱离彼此而存在。有运动的地方就有物质，有物质的地方就有运动。运动是物质的一般性变化。所有运动的物质都会变化，因为运动伴随着变化。运动和变化这对概念看似相同，但却有着不同的侧重点。运动侧重于表达事物的存在方式，变化侧重于说明事物存在内容的不同。事物的所有运动也都是它们内部联系发生的演变。

事物变化的内容可能不同，有时是量的变化，有时是质的变化，有时质与量会同时变化。同样，物质运动也拥有着不同的表现形式，包括生命运动、思维运动、化学运动、机械运动、社会运动等，这些运动可能是上升的也可能是下降的，可能是前进的也可能是倒退的。

运动是绝对的，世界上所有的物体都处于无休止的运动之中。人类不可能创造这种运动，也不可能消灭这种运动。这种运动只会在形态上发生变化，前一刻是这种形态，下一刻或许就变成了另一种形态。我们的人际关系、生活环境、工作状态、体质、年龄、思想……每时每刻无不处于运动之中，也无不处于变化之中。

静止是相对的，一切事物都处于绝对的运动之中，但如果将某种事物与一个特定的参照物做比较，那么我们可以说这种事物相对于这一参照物是静止的，或者说事物相对于参照物不一定要具备某种特定的形式。例如，相对于地球来说，一座山、一棵树、一座建筑物都是静止的，它们没有发生机械运动；但是，伴随着地球的公转和自转，这些物体依然会无休止地运动，同时，组成它们的分子、原子也处于不停的运动之中。所以，我们说一个物体是静止的，这一定是有前提条件的，即它相对于参照物是静止的。

还存在另一种情形：一种事物的运动处于量变阶段时是不会发生质变的，因此这个时候我们可以说它具有质的稳定性。也就是说，相对于质变而言，这一事物一直处于静止状态。举例来说，若一个企业一直处于亏损状态，则我们称它为亏损企业。为了扭转亏损，企业员工通过不懈的努力，最终使企业的亏损额一点点缩小。尽管企业在发生减亏的变化，但是在盈利之前，它依然是一个亏损企业。这个企业一直在发生量的变化，但量变在没有达到一定程度之前，它还未发生质的变化，变成一个盈利企业。因此，在量的方面，该企业是不断运动和变化的，但相对于原来的质的方面，它没有发生运动和变化，是相对静止的。

静止只会在一定时期、特定条件下出现，因此它是短暂的、有条件的、相对的。运动是无时无刻不在发生的，也是没有任何条件的，因此它是永恒的、无条件的、绝对的。静止是运动的特殊状态。我们不能否定运动的绝对性，也不能忽视静止的相对性。否定事物的绝对运动和相对静止都是错误的。

相对静止是物质分化和生命分化的本质条件。没有相对静止，我们便不能将多种多样的事物区分开来，也不能认识和把握各种事物，更不能看到物质世界的丰富性和多样性。反言之，正是由于相对静止的存在，世界万物才会变得可被了解和可被研究。

例如，我们了解某种事物时会通过它的历史进行研究，我们了解某个人时往往会从这个人的背景进行了解，由此可见，我们始终是从事物相对静止的状态中对它们进行了解的。

我们可以从以上的过程中总结出这样的规律：在对任何事物进行

研究时，首先要从事物的历史和事实着手，通过对这些相对静止状态下的信息的把握，我们才能揭示事物的本质，预测事物的变化，洞悉事物的发展趋势，制订出有效的行动方案。

事物在相对静止状态下才能生长出新的内容和材料，也才能向着更高级阶段迈进。人类社会的发展经历了不同的阶段，从原始社会到奴隶社会，从封建社会到资本主义社会，从社会主义社会到更高级社会，正是由于这些社会阶段处于相对稳定、相对静止的状态，我们才能看到它们的本质，将它们相互区别，并认识它们各自的规律。

运动和变化是一对抽象的概念，从表面上看，我们无法直接看出它们的性质、趋势和方向性。运动和变化的表现多种多样，包括数量上的增加和减少、空间上的上升和下降、状态上的循环和重复，位置上的持续和变更、生命的进化和退化，等等。如果要对这些表现给出一个通俗的解释，那么用“发展”一词来解释便再合适不过了。因为我们可以用发展来解释事物运动、变化的总体性质、趋势和方向性，从而进一步揭示物质世界的本质。

所谓发展就是指那些前进中的变化，也可以指生物界中的那些前进的变化。事物的某种性质变为另一种性质，某种状态变为另一种状态，某种运动形式变为另一种运动形式都可以称之为发展。我们经常用发展来指代现实世界中的那些上升运动，比如从低级到高级的运动是发展，从简单到复杂的运动是发展，从野蛮到文明的变化是发展，从无序到有序的变化是发展。发展绝不是单纯的位置的移动，也不是单纯的数量的增加。发展的本质是进步，它是一种上升的运动和变化，是对物质世界基本运动方向的真实反映。

现代科学和实践证明，世界是不断向前发展的，其主要的发展路线是一条不断进化、上升的路线。不管是自然界的进化，还是人类社会的演化都保持着上升的运动，也都保持着进步的变化趋势。我们称这种明显的运动方向性为发展。

发展是世界的主题，它不仅意味着新事物的产生，也意味着旧事物的灭亡。从事物的发展可以看出，事物是作为过程而存在的。世界每时每刻都在发生“新陈代谢”，这是宇宙间普遍存在的现象，也是一种永远不可抗拒的自然规律。

生活在物质世界中，我们就应该用一种运动、变化和发展的眼光看待一切问题。因为物质世界既是运动变化的，也是永恒发展的，这是世界的法则、万物的规律，是不容抗拒的。用发展的眼光看世界，把发展进步的方向作为我们生存的目标具有重要的意义。

运动、变化和发展之间具有紧密的联系。有运动才有变化，有变化才有发展，因此运动是变化、发展的原因。换言之，变化、发展是运动产生的结果。变化与发展会产生新的运动形式，新的运动形式又会继续产生新的变化和发展。它们之间循环往复，互为因果，无穷无尽。世界的发展是不断进步、上升的，并呈现出波浪式前进、螺旋式上升的总体趋势。

无论何时何地、从事何种工作，我们都应该用运动、变化和发展的眼光看待问题。这就意味着我们不能用静止、不变和倒退的眼光看待问题。因为这样看待问题，只会给我们带来反动的思想和行为，只会让我们变得思维僵化、墨守成规、故步自封、骄傲自满，只会使我们的事业下滑，让我们的历史倒退。